決定版 野菜の病気と害虫 対策BOOK

草間祐輔

家の光協会

決定版 野菜の病気と害虫対策BOOK

Contents

4章
根菜類の病害虫と防除

5章
栽培の工夫と薬剤の使い方

1章

病害虫が発生する原因とは

家庭菜園をはじめ、野菜を栽培するときに
最も悩ましいのが、病気や害虫の被害です。
発生したときにあわててしまいがちですが、
病害虫が発生するのには、必ず原因があります。
どうして発生するのか、
その仕組みを知ることが防除の第一歩となります。

畑の環境と病害虫発生のメカニズム

植物が自生している野山は、生態系が調和しています。病原菌が一定のバランスを保っているため、それほど病気は発生しません。害虫も食物連鎖によって天敵との調和が取れているうちは、大発生して甚大な被害をもたらすことはありません。

しかし、私たちが自然に手を加えている畑や家庭菜園などで野菜を栽培する場合は、単一の種類をたくさん植えたり種類が片寄ったりするため、すでに生態系のバランスが崩れているのです。

また、同じ場所で同じ科の野菜を続けて作る(連作)と、ある特定の病原菌や土壌に生息する害虫の密度が高まり、土の中の栄養素バランスが崩れて生育に悪影響が出ます。畑は自然な環境ではなく、もともと病気や害虫の被害が発生しやすい環境であることを認識して、防除に取り組みましょう。

■ 野菜の病気とは?

カビ(糸状菌)、細菌、ウイルスなどの感染が原因で生育が異常になることです。目に見える症状が出てから気づきますが、実際には症状が出る前から病原菌に侵されており、すでに病気は進行しているため、感染する前から予防することが大切です。養分の過不足による栄養障害や高温障害なども病気のひとつです。

カボチャモザイク病
伝染性の病気。ウイルスが原因。発病して濃淡があるモザク状の斑ができたカボチャの葉。

病原体の種類

＊カビ(糸状菌)による病気

うどんこ病、疫病、白さび病、赤色斑点病、灰色かび病、べと病、褐斑病など

＊細菌による病気

青枯病、斑点細菌病、軟腐病など

＊ウイルスによる病気

黄化葉巻病、モザイク病、ウイルス病など

病害虫が発生する3要素とは

病気や害虫は「病原菌や害虫の存在」「環境条件」「栽培する野菜の状態」の3要素が関わって発生します。

「病原菌や害虫の存在」…病原菌が感染可能な密度で野菜の近くに存在すると発生します。害虫も飛来や移動、また人や動物などによって運ばれて野菜に寄生し、繁殖します。

「環境条件」…温度、湿度、日照、風通しなどの繁殖に適した環境条件が整うと発生します。病原菌は雨が続いて日当たりが悪く、湿度が高いと増え、野菜が弱りやすい条件でもあるため、病気にかかりやすくなります。風通しが悪くて温度の上がりやすい環境では、害虫が好んで繁殖します。

「栽培する野菜の状態」…栽培環境(日当たりや風通し、温度など)や土壌(酸度や排水など)、水やりや施肥などの管理が不十分だと、野菜は軟弱に育ち、病害虫が発生しやすくなります。日陰で風通しが悪いと病気にかかりやすいのは、このためです。被害が大きくなる前に、できるだけ早く対処しましょう。

ウイルスの感染経路

道具
ウイルスがついたままの道具を使い、傷口からうつる。

害虫
感染株に寄生し、体内にウイルスを取り込んだ害虫が媒介する。

手
感染株を触った手で作業すると、ほかの株にうつる。

土の中
土壌のセンチュウ類によって媒介される。

病害虫が発生しやすい畑の周囲の環境

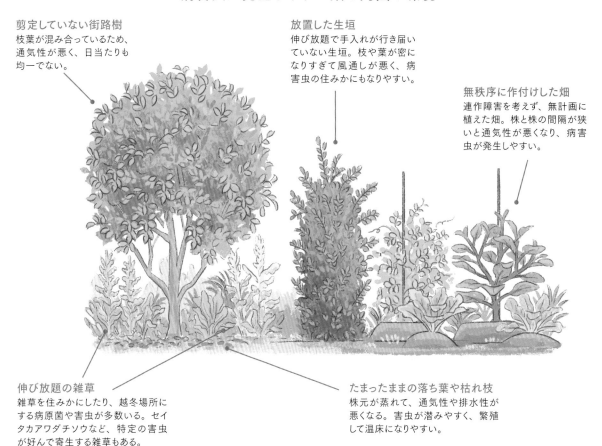

剪定していない街路樹
枝葉が混み合っているため、通気性が悪く、日当たりも均一でない。

放置した生垣
伸び放題で手入れが行き届いていない生垣。枝や葉が密になりすぎて風通しが悪く、病害虫の住みかにもなりやすい。

無秩序に作付けした畑
連作障害を考えず、無計画に植えた畑。株と株の間隔が狭いと通気性が悪くなり、病害虫が発生しやすい。

伸び放題の雑草
雑草を住みかにしたり、越冬場所にする病原菌や害虫が多数いる。セイタカアワダチソウなど、特定の害虫が好んで寄生する雑草もある。

たまったままの落ち葉や枯れ枝
株元が蒸れて、通気性や排水性が悪くなる。害虫が潜みやすく、繁殖して温床になりやすい。

病原体の種類と感染経路を知る

　病原菌の多くは土の中や空気中など、庭や畑のどこにでも存在します。条件が揃い、近くに感染しやすい野菜などがあると発病します。

「カビ（糸状菌）」…菌糸を伸ばし、風や水で胞子を飛散させて広がります。国内で発生する病気の約8割が糸状菌によって発生し、高温多湿を好み、被害部が変形したり、腐敗し、毛のような菌糸が生えます。土壌中には10万種以上存在するといわれます。

「細菌」…単細胞の生物でバクテリアとも呼ばれます。細胞分裂のみで増殖するため、被害の進行が早く、微細で肉眼ではわかりません。多くは鞭毛をもち、水中を泳いで広がります。急に株全体が枯れるなどが特徴です。

「ウイルス」…非常に微細で、電子顕微鏡を使わずには確認できません。自力で伝染する力はもたず、人や害虫の吸汁、ハサミなどの器具を介して野菜の中に入り込みます。生理障害や細胞の壊死などを起こし、感染したら治療できません。

害虫は2種類のタイプに分かれる

　害虫は、種類によって主に寄生して加害する野菜が決まっています。加害の仕方で2種類に分かれ、被害の状態に特徴があるので、早期発見の目安になります。

「食害性害虫」…幼虫や成虫が、野菜の葉、新芽、果実、茎、根などを食い荒らし、穴があく、生育を阻害するなどの被害を与えます。野菜ごとに、食害されやすい場所と加害する害虫がほぼ決まっているので、どこをどのように加害されたかで、害虫の種類を特定できます。

「吸汁性害虫」…ハダニやアブラムシなど、植物に寄生して汁を吸い、多くが群生して盛んに繁殖します。被害部分に斑点ができたり、葉が縮れたり、二次被害としてウイルスに感染することもあります。

Point 2 発生を抑えるためのコントロール

病害虫にかからないためには、原因となる病原菌や害虫を持ち込まないことが重要です。病害虫の防除は、苗やタネの入手時から始まっています。

健全な苗やタネ、タネイモを選ぶことは、病害虫にかかりにくい丈夫な野菜を育てることにつながります。とくに野菜の苗の場合、「苗半作」といわれるほど、購入時の苗の状態が植え付け後の生育に大きく影響します。徒長したり軟弱に育った苗は避け、節間が詰まっている丈夫な苗を購入しましょう。

耐病性品種や接ぎ木苗の利用

病気が出にくいように品種改良された「耐病性品種」を利用しましょう。トマト、ダイコンなど多くの野菜で、発生が多い病気や被害が甚大な病気に対する耐病性品種が広く育成されています。同じ野菜でもこれらの品種を選ぶことで、より病害虫にかからずに栽培することができます。

土壌にいる病原菌によって発病する伝染性の病気の回避には、接ぎ木苗の利用をおすすめします。病気になりにくい台木に接ぎ木した苗木は育てやすく、連作障害も回避したり、土壌にいる病原菌の被害が抑えられて、収穫量も上がります。

間引きや切り戻しで風通しよく

うどんこ病のように、やや乾燥した環境で発生する病気もありますが、一般的には、梅雨時期など湿度が高いほうが、病気が発生しやすくなります。病原菌の多くが、胞子を作って増殖したり野菜に侵入するために、高い湿度が必要だからです。風通しをよくして湿度を下げれば、病原菌の活動が抑えられるので発病も抑えられます。

とくに野菜の栽培では、混み合わないように適度な間隔をあけて間引くのは欠かせません。間引くことで風通しもよくなり、生育が促進されます。葉が茂りすぎた場合は、混み合った箇所や不要な葉を切ってすかします。

耐病性品種の例
品種改良が進み、複数の病気に対する耐病性がある品種も登場している。

耐病性品種
品種改良されて耐病性が高まり、発病を回避できます。トマトではモザイク病や半身萎凋病などに対する抵抗性品種が、ハクサイやカブでは根こぶ病抵抗性品種（CRと表示）、ダイコンなどでは萎黄病抵抗性品種（YRと表示）が育成されています。

接ぎ木苗の利用
トマトでは青枯病や半身萎凋病にかかりにくい台木用のトマトに接いだ苗、ナスでは青枯病や半身萎凋病になりにくい台木用のナスへの接ぎ木苗などがあります。利用すると土壌病害の発生が抑えられます。

梅雨や長雨の雨よけと夏期の乾燥対策

　多くの病原菌は降雨によって増殖し、周囲にも飛散して野菜の中に侵入します。ビニールトンネルで雨よけをすれば、雨滴による病原菌の活動が抑えられて発病が減少します。

　ハダニ類は湿気が苦手なので、ときどき葉裏に霧吹きをしたり葉水をしたりすると繁殖を軽減できます。1年を通して雨が当たらないベランダなどではとくに注意します。

適した環境を整えて植える

　その野菜の生育に適していない環境では、生育不良になるだけでなく、茎葉が軟弱に育つため、病気に対する抵抗力が落ちて病気にかかりやすくなります。

　適地適作を基本に、日当たり、湿度、排水、土の種類、酸度など、栽培する野菜にふさわしい環境に植えましょう。また、栽培環境に適した品種を選ぶことが丈夫に育てるコツです。

トンネルの利用
トンネル支柱を使ってビニール掛けすると、水のはね返りや雨滴による発病が軽減される。晴天時に気温が上がってきたら、すそを上げて蒸れを防ぐ。

購入する際にチェックすること

葉に食害された穴がないか

葉の裏や茎に害虫がついていないか

葉の色は緑色でつやがあるか

地際にカビが生えていないか

葉がしおれていないか

間引きで大きく育てる

苗を定植する際は密植を避け、株間を十分確保します。タネまき後、繁茂しすぎているところは間引きます。間引きをすると1つ1つの苗に十分な栄養や光が行き渡り、健康で大きな株に生長します。

タネをまき、本葉が出てきたホウレンソウ。株間が詰まって育ちにくくなった。

間引き後のホウレンソウ。株間が適度にあき、生育しやすくなった。

11

Point 3 病気や害虫の発生サイクル

　病気や害虫は、ほぼ決まった年間のライフサイクルをもっています。それぞれの病気や害虫が、いつ、どのように発生するのか、その生態を知ることが病害虫の予防に役立ちます。発生する前にその芽を摘み、このライフサイクルを絶つことが被害をなくすことであり、病気や害虫の予防につながります。病害虫防除を効果的に行うには、病害虫のライフサイクルを断つために適切なタイミングで害虫（卵、蛹、幼虫、成虫）を捕殺し、病気の発生部位を取り除くなどの作業を行い、必要に応じて薬剤を利用することが大切です。病害虫のライフサイクルを知って未然に被害を防ぎ、被害を最小限に抑えましょう。

タマネギ

べと病のライフサイクル（タマネギ）

タマネギのべと病は、春の収穫終了後の残渣（枯死した葉）に作られた卵胞子が土の中に生存し、その卵胞子が秋の育苗期や植え付け期に幼苗に感染することから被害が始まります。秋の感染期（第一次感染期）では症状が現れず、感染したまま越年し（越年罹病株、肉眼では気づかない潜伏期間）、2月下旬になって発病（葉に淡黄緑色で楕円形の病斑が出現）します。発病した葉の上には灰色〜灰褐色の胞子（分生胞子）が作られ周囲に飛散して感染拡大し、2〜3月以降の二次感染を引き起こし4〜5月にかけて被害が拡大します。

【予防のタイミングと防除の要点】

第一次感染期	10月中旬〜12月に薬剤散布を行い、越年罹病株を減らす。
第二次感染期	3〜4月に、発病株の抜き取りと薬剤散布を行い、蔓延を防ぐ。
収穫後	残渣を残さず片づける。

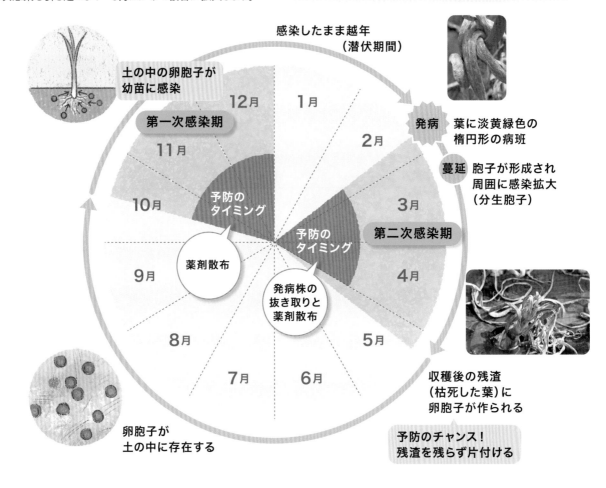

感染したまま越年
（潜伏期間）

土の中の卵胞子が幼苗に感染

第一次感染期

発病　葉に淡黄緑色の楕円形の病斑

蔓延　胞子が形成され周囲に感染拡大（分生胞子）

第二次感染期

予防のタイミング

薬剤散布

予防のタイミング

発病株の抜き取りと薬剤散布

12月　1月　2月　3月　4月　5月　6月　7月　8月　9月　10月　11月

卵胞子が土の中に存在する

収穫後の残渣（枯死した葉）に卵胞子が作られる

予防のチャンス！残渣を残らず片付ける

ドウガネブイブイ 成虫

コガネムシ（ドウガネブイブイ）のライフサイクル

サツマイモやキャベツ、タマネギなどの根を食害するドウガネブイブイの成虫は6月上旬から9月中旬に現れ、マメ類、イチゴ、ナスなどの野菜や果樹、庭木の葉を食害して成熟すると、地中5～10cmに潜って産卵します。卵から孵った幼虫は土の中で、1齢幼虫は主に腐植や有機物を、2齢以降は植物の根を食べながら育ち、3齢幼虫（約40mm）へと成長します。そして、寒さが深まるにつれて土の下方へ移動し、冬期は地中約30cmの深さで越冬します。翌春、越冬が終わると、3月下旬から地表近くに移動してきて食害を再開し、5月頃に地中15～20cmの深さで蛹になります。その後、羽化して成虫が地上へ脱出しますが、その成虫は約2週間後には産卵を開始します。

【予防のタイミングと防除の要点】

幼虫を退治
- ●植え付け時や播種時（※）に薬剤を土壌に混入する。
  ※作物によって使用時期は異なる。

成虫を退治
- ●畑や周辺にマメ類、イチゴ、ナスなどの野菜や果樹、庭木がある場合は、日頃から成虫がいないか植物をよく観察し、見つけ次第すみやかに捕殺して生息数を減らすことで、その後の産卵を抑える。
- ●有機物を多く含む土は成虫が好んで産卵するため、堆肥や有機質肥料の多用を避けることも産卵抑制につながる。

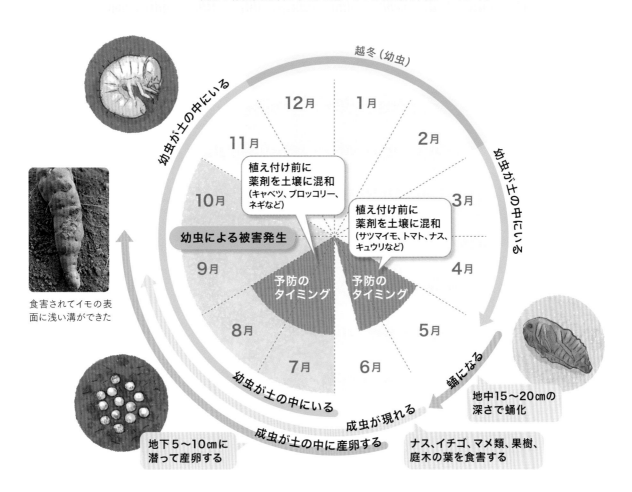

食害されてイモの表面に浅い溝ができた

越冬（幼虫）

12月 11月 10月 9月 8月 7月 6月 5月 4月 3月 2月 1月

幼虫が土の中にいる

幼虫が土の中にいる

植え付け前に薬剤を土壌に混和（キャベツ、ブロッコリー、ネギなど）

植え付け前に薬剤を土壌に混和（サツマイモ、トマト、ナス、キュウリなど）

幼虫による被害発生

予防のタイミング

予防のタイミング

幼虫が土の中にいる

成虫が現れる

蛹になる

地中15～20cmの深さで蛹化

成虫が土の中に産卵する

地下5～10cmに潜って産卵する

ナス、イチゴ、マメ類、果樹、庭木の葉を食害する

ここで叩く!
病気と害虫の発生カレンダー

本書で取り上げた主な野菜の病害虫について、効果的な防除のタイミングをわかりやすく表示しました。甚大な被害を予防するための目安として活用してください。早期発見の指針としても役立ちます。

薬剤を使用する場合は発生状況を確認しながら、害虫は発生初期に、病気は発生前から発生初期を基本に散布します。薬剤散布は被害抑制効果を確認しながら、複数回、継続して散布することが必要な場合もあります。特に周囲から飛来する甲虫類には注意が必要です。

最適なタイミングで対処ができなかった場合は、発生状況に応じて適宜防除を行ってください。

＊関東地方以西の平野部を基準としています。年次変動、標高や地域による微気候によって変動があります。

〈野菜に発生する病気を防除するタイミング〉

■ は、その病気が発生しやすい時期
■ は、その病気の防除に効果的なタイミング

	1	2	3	4	5	6	7	8	9	10	11	12
うどんこ病			5月中旬・7月上旬・10月上旬が効果的									
灰色かび病			5月下旬が効果的									
苗立枯病、立枯病			播種前に薬剤処理（種子粉衣）									
べと病（タマネギ）						3月下旬が効果的（薬剤散布）		11〜12月が効果的（薬剤散布）			※感染はしているが発病していない	
べと病（アブラナ科）		4月中旬・10月中旬が効果的										
べと病（ウリ科）				6月上旬が効果的								
軟腐病			6月中旬・9月中旬が効果的									
疫病（トマト、ジャガイモ）				6月上旬が効果的								
菌核病（キャベツ）			3月上旬が効果的　11月下旬が効果的									
さび病（ネギ）		4月上旬が効果的			9月下旬が効果的							
白さび病（アブラナ科）	4月上旬が効果的				10月上旬が効果的							
すす病				アブラムシの防除を行って予防する								
そうか病（ジャガイモ）					種イモ植え付け前に薬剤散布（土壌混和）							
尻腐れ症（トマト）	各花房の開花時からカルシウム肥料を葉面散布する											
モザイク病				アブラムシの防除を行って予防する								
輪斑病（イチゴ）		4月上旬が効果的										
炭疽病（ウリ科）				6月上旬が効果的								
黄化葉巻病（トマト）	定植時にタバココナジラミ防除剤を土壌処理、6月上旬よりタバココナジラミを散布剤で防除する											
青枯病				耐病性台木に接ぎ木した苗を植える								
葉かび病			6月中旬が効果的						9月上旬が効果的			
半身萎凋病（ナス）		5月中旬が効果的										

〈野菜に発生する害虫を防除するタイミング〉

□ は、その害虫が発生しやすい時期
▤ は、その害虫の防除に効果的なタイミング

害虫	1	2	3	4	5	6	7	8	9	10	11	12
ヨトウガ（ヨトウムシ）			5月中旬が効果的				9月上旬が効果的					
オオタバコガ					6月上旬（梅雨初期）が効果的							
アオムシ（モンシロチョウ）			5月中旬が効果的				9月下旬が効果的					
カブラヤガ（ネキリムシ類）				播種後、植え付け後が効果的				播種後、植え付け後が効果的				
ナメクジ類				被害を確認したらすみやかに				被害を確認したらすみやかに				
ニジュウヤホシテントウ（テントウムシダマシ）				6月・7月・8月は重点的に								
ウリハムシ			6月中旬〜7月中旬が効果的									
マメハモグリバエ			7月中旬が効果的									
ナモグリバエ（サヤエンドウ）				4月中旬が効果的								
キアゲハ			5月上旬が効果的					9月上旬が効果的				
キスジノミハムシ				播種後すみやかに								
アブラムシ類		4月下旬〜5月下旬が効果的							9月中旬が効果的			
マメアブラムシ（ソラマメ）		2月中旬が効果的					11月中旬が効果的					
ハダニ類			7月中旬が効果的									
ホソヘリカメムシ			6月上旬が効果的									
アワノメイガ		5月中下旬（雄穂が出てきたとき）が効果的										
ベニフキノメイガ			5月中旬が効果的				8月中旬が効果的					
ハイマダラノメイガ（ダイコンシンクイムシ）			9月上旬が効果的									
オンシツコナジラミ			6月上旬が効果的									
ハスモンヨトウ				8月中旬が効果的								
オンブバッタ			7月中旬が効果的									
ネギコガ			7月上旬が効果的									
ネギアザミウマ			5月下旬が効果的									
ニホンカブラハバチ			5月上旬が効果的			10月上旬が効果的						
アワダチソウグンバイ			7月中旬が効果的									
ネコブセンチュウ		播種前、定植前に薬剤処理（土壌混和）										
ナカジロシタバ			8月下旬が効果的									
ドウガネブイブイ幼虫				播種時、植え付け時に薬剤処理（土壌混和）								
チャノホコリダニ			8月中旬が効果的									

15

Point 5 薬剤を使う前の防除対策

薬剤を使う前に、身近にあるものや資材などを活用し、病害虫が発生しにくくなるように工夫しましょう。栽培管理や環境条件を改善したり、資材で病原菌や害虫から植物を保護することは、近年とくに注目されてきています。コンパニオンプランツやマルチングの利用など、取り入れやすいものから実施してみましょう。

日当たりと風通しをよくする

日当たりがよいと植物は十分に光合成ができます。そのため丈夫に育ち、病気にかかりにくくなります。栽培する場所の日当たりが悪かったり、天候が不安定で日照不足になると、光合成が不十分で軟弱に育つため、病気に対する抵抗力が落ち、発病しやすくなります。

野菜ではとくにつる性のキュウリなど、誘引して葉によく光が当たらないと十分な収穫ができないばかりか、生育にも影響が出ます。また適度な間隔をあけて誘引すると、風通しがよくなり、病気も予防できます。

支柱やネットを使ってつるを誘引し、日当たりや風通しよくする（写真はキュウリ）。

■ マルチング材の活用

植物の株元をわら、樹皮、ビニールなどで覆う「マルチング」は、土の乾燥や雑草を抑えるだけでなく、降雨や水やり時の泥はねを軽減し、疫病などの土壌病害の伝染予防に役立ちます。疫病は水中を自由に泳げる遊走子（胞子の一種）が泥とともにはね上がって伝染します。トマト、ナス、ピーマン、ジャガイモや、キュウリなどのウリ類の疫病予防に有効で、梅雨期前までには行います。

ウイルスを媒介するアブラムシやアザミウマは、キラキラ光るものを嫌がる習性があります。土壌表面を銀色の光反射マルチで覆うと飛来を防止し、トマト、キュウリ、ピーマンなどのモザイク病の予防になります。

敷きわらを、株元にマルチング材として利用したピーマン。

黒マルチで栽培中のトマト。泥のはね上がりを防ぎ、雑草も抑制する。

シルバーライン入りのマルチで栽培中のダイコン。光を反射して害虫の飛来を抑える。

シルバーマルチで栽培中のナス。光を反射して害虫の飛来を抑制する。

植え方や組み合わせによる工夫

　組み合わせて植えることで、病気や害虫の発生、雑草の被害軽減に役立つ植物どうしを「コンパニオンプランツ」といいます。ミントやニンニク、マリーゴールドのように強いにおいをもつハーブや草花で害虫を寄せつけないようにしたり、天敵を集める植物（バンカープランツ）などの組み合わせがあります。トマトとニラでトマトの半身萎凋病や萎凋病の土壌病害が抑えられたりします。トマトとバジル、キャベツとミント、ナスとパセリなども相性のよい組み合わせです。

　また、同じ場所で同じ科の作物を続けて育てると、発生しやすい病原菌や害虫の種類、消費される養分も同じため、土の中の養分バランスが崩れ、生育に悪影響を及ぼすことを「連作障害」といいます。

　連作障害は、起こりやすい植物、強く出る植物が決まっているので、それらの栽培には間でいったん違う科の作物を栽培する「輪作」を行います。

　輪作計画は、最初に養分要求度の高いトマト、キュウリなどの果菜類やジャガイモなどを、次にニンジン、ダイコン、カブなどの根菜類、その後マメ類を栽培します。どれくらい間をあけるかは、植物により異なります。

　また、2種類以上の作物を一緒に「混作」することで、害虫の発生を軽減することもできます。スイカやキュウリにマリーゴールドを混作すると、センチュウの被害が抑えられ、その後に作るダイコンの被害も軽減されます。

混植の例
トマトの間にレタスを植えて、それぞれを健全に育てる。

コンパニオンプランツ
菜園の中にコンパニオンプランツとしてマリーゴールドを混植した。

身の回りにある材料で土中の病原体を減らす

　身近な材料を利用して、土の中にいる病原菌や害虫を減らすことができます。代表的な土壌害虫のネコブセンチュウなど、根に寄生するセンチュウ類は、太陽熱を利用した土壌消毒により防除できます。太陽熱で袋の中が十分高温になるように、晴天が続く真夏（7月中旬～8月中旬）に行いましょう。

消毒したい土に稲わらと石灰窒素を混ぜ、ビニール袋に入れる。水を加えて全体をやや湿らせ、袋の口を閉じたら、約1か月間、直射日光に当てて消毒する。

■ 寒冷紗や防虫ネットで保護する

　寒冷紗で野菜を覆うことでも、害虫の侵入を防止できます。キャベツやハクサイなどのアブラナ科野菜を食害するアオムシを予防するために、成虫のモンシロチョウが飛来する前に、あらかじめ寒冷紗や防虫ネットを張って産卵を防止します。同時に、ウイルス病を媒介するアブラムシの飛来も防止できます。

寒冷紗で害虫の侵入を遮断し、被害を軽減する（キュウリ）。

トンネル状に張った寒冷紗でブロッコリーのアブラムシを防除する。目合いが0.5～0.8mm、大きくても1mmのものを利用する。

■ 粘着トラップを使った防除

　害虫が黄色や青色など特定の色彩に誘引される習性を利用したのが「粘着トラップ」です。黄色と青色で誘引し、物理的にくっつけて防除します。青色はアザミウマを誘引し、黄色はコナジラミ、アブラムシ、ハモグリバエを誘引する効果があります。

青色粘着トラップを設置したナス。

黄色粘着トラップを仕掛けたトマト。

薬剤を使うコントロール

育てる環境を整えたり、適切な肥料を施したり、寒冷紗や防虫ネットで害虫が飛来するのを防いでいても、害虫や病原菌などの繁殖が早く、予期せずに病害虫の被害にあうことがあります。

その場合は、手遅れになる前に早めに手を打つ必要があり、薬剤（農薬）はこのとき大いに役に立つ防除手段です。薬剤の利用はほかの防除手段と比べると、だれでも手軽に、すばやく、的確に、しかも広範囲の病気や害虫を防除できます。また、種類や容量など、製品のバリエーションが豊富なので、効果だけでなく、いろいろな目的や使用場面に応じた製品を選択できます。

病気か? 害虫か? 原因を確認する

薬剤を選ぶ際に大切なことは、症状をよく観察して原因をはっきりさせることです。防除したいのが病気なのか、害虫なのかにより、選ぶ薬剤を見極めます。害虫を防除したいなら「殺虫剤」、病気の場合は「殺菌剤」を選びます。

一般に害虫の発生は目で確認できますが、病気は野菜が病原菌に感染していても、発病するまでは目に見えません。どちらかわかりにくいときは、殺虫成分と殺菌成分を配合した「殺虫殺菌剤」が便利です。発生した害虫を防除する目的で散布した薬剤が、その時点ではまだ確認できない病気の予防にも役立つからです。症状を見極めて、どの薬剤を使えばよいのかを判断します。

薬剤の種類

殺虫剤

殺虫剤は作用性により、①接触剤、②浸透移行性剤、③食毒剤、④誘殺剤に分けられます。

①接触剤…害虫の体に薬剤を直接接触させたり、散布した茎葉と接触させて退治する薬剤。
②浸透移行性剤…あらかじめ株元や植物に散布しておき、有効成分を根や葉から吸収させることで、植物全体に移行した成分を害虫に吸わせたり、葉ごと食べさせて退治する。
③食毒剤…薬剤の付着した葉や茎を害虫に食べさせて退治する薬剤。
④誘殺剤…害虫の好む餌などに殺虫剤を混ぜて誘引し、食べさせて退治する。

殺菌剤

殺菌剤は、病原菌が細胞膜や細胞壁を作るのに必要な成分の合成や、エネルギーの代謝に関わる酵素の働きを阻害することで、病原菌の増殖を抑える薬剤。

防除効果によって①保護殺菌剤、②直接殺菌剤、③浸透性殺菌剤、④抵抗性誘導剤、⑤拮抗菌剤の5つに分けられます。

①保護殺菌剤…発生しやすい病気を予想して、薬剤をあらかじめ散布して植物体を覆い、病原菌の侵入を防ぐ。ほとんどの殺菌剤はこの効果がある。
②直接殺菌剤…病原菌が植物の中に侵入して増殖した後に散布しても、有効成分が植物内に浸透して内部の病原菌に作用する薬剤。
③浸透性殺菌剤…植物の体内に成分が浸透するため、植物の中にいる病原菌にも作用して生育を阻害する薬剤。ただし、殺虫剤のように植物全体に有効成分が移行するような作用はない。
④抵抗性誘導剤…植物が本来もっている病害防御機能を活性化させて、病気に対する抵抗力を高め、病気にかかりにくくする薬剤。
⑤拮抗菌剤…菌の働きを利用して、病原体の活動を抑え込む作用がある。

殺虫殺菌剤

殺虫成分と殺菌成分を配合した便利な薬剤。害虫の防除に散布した薬剤が、その時点ではまだ発病が確認できない病気の予防にも役立つ。

アオムシ（モンシロチョウ）の効率的な防除方法

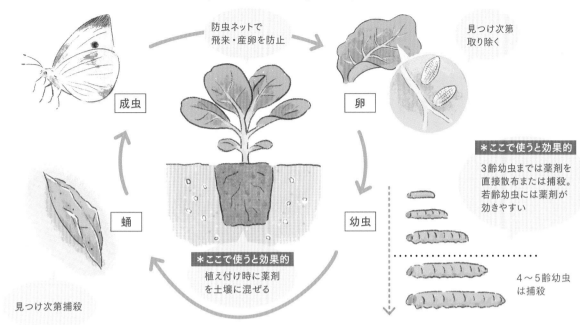

成虫

防虫ネットで
飛来・産卵を防止

卵

見つけ次第
取り除く

＊ここで使うと効果的

3齢幼虫までは薬剤を
直接散布または捕殺。
若齢幼虫には薬剤が
効きやすい

4〜5齢幼虫
は捕殺

幼虫

＊ここで使うと効果的

植え付け時に薬剤
を土壌に混ぜる

蛹

見つけ次第捕殺

糸状菌・細菌の感染経路

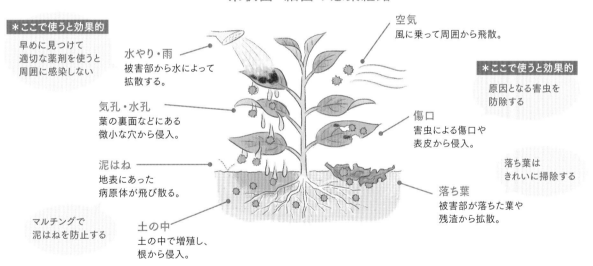

＊ここで使うと効果的

早めに見つけて
適切な薬剤を使うと
周囲に感染しない

空気
風に乗って周囲から飛散。

水やり・雨
被害部から水によって
拡散する。

＊ここで使うと効果的

原因となる害虫を
防除する

気孔・水孔
葉の裏面などにある
微小な穴から侵入。

傷口
害虫による傷口や
表皮から侵入。

泥はね
地表にあった
病原体が飛び散る。

落ち葉は
きれいに掃除する

落ち葉
被害部が落ちた葉や
残渣から拡散。

マルチングで
泥はねを防止する

土の中
土の中で増殖し、
根から侵入。

最小限の使用で最大の効果を

　防除の対象が病気なのか、害虫なのか、その
病害虫が特定できたら、次に効果的な防除方法
を考えてみましょう。効率よく防除できるタイミング
に、適した薬剤を使うと、最小限の使用で効果
的な防除ができ、薬剤の使用回数も減らせます。
原因となる病原菌や害虫がどのように寄生した
り、感染したりするのかを知ると、防除のコツが
わかります。

薬剤の選択ポイント

防除作業に
応じた
製品タイプ

薬剤の作用性

対象となる
病害虫

野菜の種類別
かかりやすい病害虫

適切に管理して育てれば、病気や害虫の被害にあいにくいものですが、完全に抑えるのは難しいことです。気がつかないうちに発生して蔓延し、手遅れにならないためには、発生の傾向やチェックポイントを知っておくことが大切です。

実は、野菜の種類によって「かかりやすい病気や害虫」があります。また、同じ野菜でも、病気や害虫の種類によって「かかりやすい箇所」が違います。発生の傾向やかかりやすい箇所を知っておくことは早期発見に役立ち、被害を最小限に抑えることにつながります。目につく病気、害虫の発生のサインを見つけ、病気や害虫の原因を早期につきとめましょう。

葉菜類に現れるサイン

葉に現れる症状
● 縮れる、奇形になる
● 巻いたり、糸でつづられる
● 橙色の隆起した斑点がつく
● モザイク状の濃淡ができる
● 角張った斑点がつく
● 円形、楕円形の斑点ができる
● 穴があく
● 線が描かれる
● 傷がつく
● 斑点がつく
● 片面が食べられて透かし状になる
● 白くなる
● 不整形の斑紋がつく
● 葉裏に小さい虫がいる
● 光沢のある筋がつく

全体、苗、根に現れる症状
● 株全体がしおれ、枯れ上がる
● 腐敗して枯れる
● 地際部分が腐る
● 株元が食べられる
● 幼苗が倒れる

菌核病
キスジノミハムシ
ニホンカブラハバチ
アオムシ
ナメクジ
オンブバッタ
白さび病
ハクサイ
コマツナ
アブラムシ
軟腐病
ヨトウガ
ネキリムシ

果菜類に現れるサイン

葉や茎に現れる症状

- 縮れる、奇形になる
- 巻いたり、糸でつづられる
- 網目状になる
- 茎の先端がしおれる
- モザイク状の濃淡ができる
- 角張った斑点がつく
- 円形、楕円形の斑点ができる
- 穴があく
- 線が描かれる
- 傷がつく
- 片面が食べられて透かし状になる
- 白くなる
- 不整形の斑紋がつく
- 葉裏に小さい虫がいる

全体、苗、根に現れる症状

- 株全体がしおれ、枯れ上がる
- 腐敗して枯れる
- 地際部分が腐る

花、蕾に現れる症状

- 花弁に穴があく、食べられる
- 花弁や蕾が白くなる
- 花や蕾に小さな虫がつく

トマト

青枯病

アブラムシ

黄化葉巻病

灰色かび病

うどんこ病

尻腐れ症

疫病

ハダニ

オオタバコガ

果実に現れる症状

- 果実やヘタが変色する
- 穴があく
- すす状のカビがつく
- 果実やヘタに傷がつく
- かさぶた状の斑点がつく
- 灰色のカビが生える
- 黒い斑点がつく
- 先端部が黒くなる

根菜類に現れるサイン

葉に現れる症状

- 縮れる、奇形になる
- 巻いたり、糸でつづられる
- 葉裏に白い隆起した斑点がつく
- 褐色の斑点がつく
- 不整形の斑点がつく
- モザイク状の濃淡ができる
- 穴があく
- 線が描かれる
- 光沢のある筋がつく
- 片面が食べられて透かし状になる
- 白くなる
- 葉裏に小さい虫がいる

全体、苗、根に現れる症状

- 株全体がしおれ、枯れ上がる
- 腐敗して枯れる
- 地際部分が腐る
- 食べられて穴があく
- 幼苗が倒れる
- 根が黒ずむ
- 根にコブができる
- イモにかさぶたができる
- イモに傷ができる

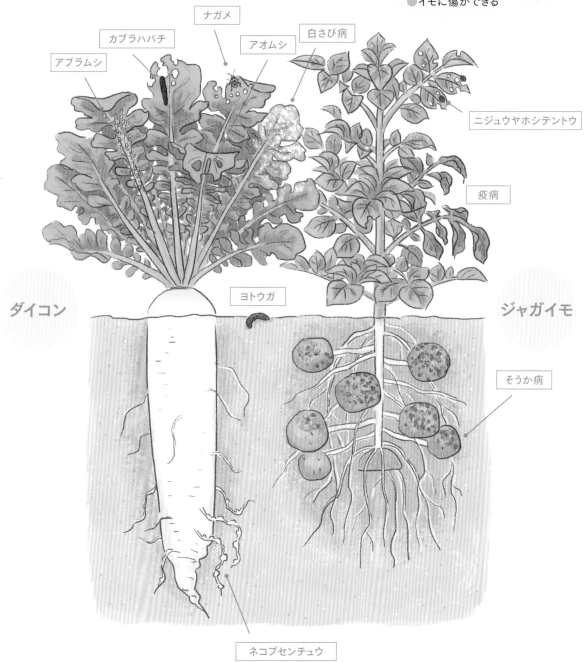

アブラムシ
カブラハバチ
ナガメ
アオムシ
白さび病
ニジュウヤホシテントウ
疫病
ヨトウガ
ダイコン
ジャガイモ
そうか病
ネコブセンチュウ

2章

果菜類の
病害虫と防除

トマトやナス、イチゴなどの果菜類は
野菜栽培で最も人気があり、
だれでも一度は作ってみたいものです。
人気の野菜ごとに
かかりやすい病気や害虫を紹介し、
丈夫に育てる工夫と、
いざ、病気や害虫の被害にあった場合の防除法が、
すぐにわかるようにしました。

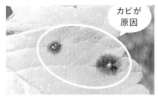

イチゴ ■バラ科

輪斑病 （りんぱんびょう） ● 葉に紫褐色の斑点ができて枯れる

発病して斑点が現れた。

病気が進行して、斑点が増えてきた。

被害が進むと…

葉が枯れ始めた。

Data
発生時期 ── 4〜11月
発生部位 ── 葉、葉柄、ランナー
類別 ──── カビ（糸状菌）による伝染性の病気

葉に紫褐色の斑点が現れ、進行すると葉が褐色になって枯れます。カビ（糸状菌）が原因のイチゴの主要病害で、28〜30℃の高温期に発生しやすいです。前年に発病した葉の上で越冬した病原菌が胞子を作り、周囲の健全な植物に伝染。とくに梅雨の後半から9月に、高温と降雨で蔓延します。葉柄やランナーにもへこんだ紫褐色の病斑ができ、多発すると、株が衰弱して収量が減ります。茎葉が込み入って風通しが悪く、株元が多湿になると発生しやすくなります。

発生しやすい野菜類
イチゴのみに発生

薬剤を
使う前に
発病した葉や枯れ葉はすみやかに摘み取って処分し、伝染源を絶ちます。茂りすぎた茎葉は適宜整理して、風通しをよくします。

薬剤を
使うなら
イチゴの輪斑病に適用のある薬剤はありません。

灰色かび病 （はいいろかびびょう） ● 花弁や果実に灰色のカビが生える

被害を受けて灰色のカビで覆われた果実。

被害が進行して灰色のカビが発生した花弁。地際の多湿な環境で被害を受けた。

被害が進むと…

発生しやすい野菜類
イチゴ、オクラ、キュウリ、サヤインゲン、サヤエンドウ、ズッキーニ、タマネギ、トマト、ナス、ピーマン、レタスなど

灰色の菌糸がたくさん発生している。

Data
発生時期 ── 4〜5月（多湿時に多い）
発生部位 ── 果実、花弁、葉、葉柄
類別 ──── カビ（糸状菌）による伝染性の病気

果実に灰色のカビ（糸状菌）が生え、ボトリチス病とも呼ばれます。冷涼で雨や曇天が続く多湿時に発生しやすく、被害部分の胞子が風などで飛散して伝染。とくに収穫間近の果実がかかりやすく、表面にできた淡褐色の小斑点が広がってカビが発生し、腐敗します。花弁や葉にも発生し、被害が進むと株全体が枯れることも。病原菌は被害を受けた葉の上や被害部分とともに土の中で越冬して翌春の伝染源になり、日当たりや風通しが悪くて株が弱ると発生しやすくなります。

薬剤を
使う前に
日当たりや風通しをよくし、栽培管理を徹底して丈夫に育てます。敷きわらなどでマルチングを行い、花、果実をできるだけ地面から離して多湿に気をつけます。被害部分や落ち葉は早めに取り除いて伝染源を断ちます。窒素肥料を一度にやりすぎると発生を促すので注意します。

薬剤を
使うなら
発生初期に**サンケイオーソサイド水和剤80**や**アミスター20フロアブル**などを散布します。自然派薬剤なら**家庭園芸用カリグリーン**、重曹スプレー容器付、**カリグリーン**をむらなく丁寧に散布します。

＊下線がある薬剤は生産者向けとして農協（JA）などで入手できる（同類名称薬剤は、家庭園芸用と適用が異なる場合もある）。

うどんこ病　● 葉や果実が白いカビに覆われる

Data
発生時期 ── 5〜11月
発生部位 ── 葉、果実
類別 ─────── カビ（糸状菌）による伝染性の病気

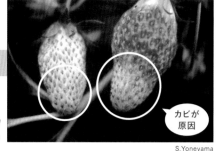
果実に白いカビが発生した。
S.Yoneyama

カビが原因

葉や果実に白い粉をまぶしたようなカビが生えます。カビ（糸状菌）が原因で、やがて葉全体が白く覆われ、被害部は黄色く変色し、生育が悪くなります。降雨が少なく曇りの日が続き、乾燥ぎみで昼夜の温度差が大きいと発生。窒素肥料のやりすぎや密植、日当たりや風通しに注意します。

発生しやすい野菜類
イチゴ、エンドウ、オクラ、カボチャ、キュウリ、サヤインゲン、ナス、ニンジン、パセリ、ピーマン、ミント類、メロンなど

薬剤を使う前に　密植しないように植え付けます。繁りすぎた茎葉を取り除き、日当たりや風通しをよくします。発病した葉は早めに取り除いて伝染源を断ちます。窒素肥料を一度にやりすぎると発生が促されるので注意。

薬剤を使うなら　定植時の植え穴にベニカXガード粒剤を土と混ぜて入れる。発生初期に、ベニカグリーンVスプレー、カダンプラスDX、アミスター20フロアブルを散布します。自然派薬剤ならベニカナチュラルスプレー、ベニカマイルドスプレーやピュアベニカ、カリグリーンを植物全体にむらなく散布。

イチゴネアブラムシ　● 根や地際の葉柄に小さな虫がつく

Data
発生時期 ── 5〜10月
発生部位 ── 根、葉柄、葉、花弁
類別 ─────── 群生して植物の汁を吸う害虫

根や地際の葉柄に約1.5mmの青緑色や緑色の虫が群生します。イチゴに寄生するアブラムシで、植物の汁を吸って生育を阻害し、被害が進むと枯死することも。新葉や葉裏、花弁にも寄生し、新葉では葉が萎縮。アリと共生するため、アリが集めた土粒が地際を覆ってアブラムシを保護します。

発生しやすい野菜類
イチゴのみに発生

薬剤を使う前に　地際に土粒が集まっていたら除去し、株元のアブラムシを潰して退治します。窒素肥料を一度にやりすぎると発生が促されるので注意します。

株元にアリの巣の入り口があり、アリが集めた土粒が株元に広がっている。

薬剤を使うなら　定植時にダントツ粒剤、ベニカXガード粒剤を土に混ぜて植え付けます。発生初期に地際の土粒を取り除き、ベニカグリーンVスプレーやカダンプラスDXを、自然派薬剤ならベニカナチュラルスプレー、ロハピ、エコピタ液剤を株全体に散布します。

これが原因
根に寄生したイチゴネアブラムシ。

ヨトウガ（ヨトウムシ）　● 葉が食べられてかすり状になる

Data
発生時期 ── 4〜6月、9〜11月
発生部位 ── 葉
類別 ─────── ガの仲間。食害性害虫

葉が表皮を残してかすり状になります。ヨトウムシとも呼ばれ、春秋の年2回発生。葉裏に産卵された卵が孵化し、幼虫が葉裏に群生して葉の表面を残して食害するため、発生初期は葉に半透明の斑点がつきます。老齢幼虫は体長約4cmで褐色になり、分散して食害し、夜に活動します。

発生しやすい野菜類
イチゴ、キャベツ、キュウリ、ジャガイモ、ダイコン、トマト、ナス、ハクサイ、ブロッコリー、ホウレンソウ、レタスなど

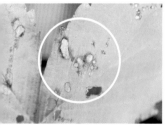
表皮を半透明に残してかすり状になった葉。

葉裏を食害する若い幼虫（キャベツ）。

これが原因

薬剤を使う前に　かすり状になった葉裏に群生する幼虫や卵塊を見つけたら葉ごと取り除きます。幼虫が成長して分散し、被害が進んでも見つけにくい場合は、株元の土の中や落ち葉の下を探して捕殺します。

薬剤を使うなら　発生初期に葉裏や株元まで、アファーム乳剤を株全体に散布します。自然派薬剤ならSTゼンターリ顆粒水和剤、ゼンターリ顆粒水和剤を散布します。

エダマメ ■マメ科

ホソヘリカメムシ ●新芽や葉、さやに細長い暗褐色の虫がいる

葉の上の成熟した幼虫。

幼虫はアリとよく似ている（擬態）。

被害が進むと…
マメはできても変形したり、萎縮や腐敗が起こる。

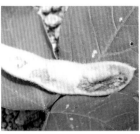
吸汁被害を受けて萎びたさや。

Data
発生時期 ── 5〜10月
発生部位 ── 新芽、葉、さや
類別 ──── 吸汁性害虫

体長約15mmの細い暗褐色の虫で、エダマメの主要害虫です。幼虫や成虫が植物の汁を吸って加害します。3〜5mmの若齢幼虫はアリに擬態しています。5〜10月に1〜2回発生し、さやができると口針を内部の豆に差し込んで吸汁するため、豆はへこんだり萎縮し、腐敗することもあります。夏以降に多く発生し、初冬に日なたの落ち葉や雑草、常緑樹の茂みに移動して成虫で越冬します。翌年の初夏に産卵して、幼虫や成虫が再びエダマメを加害します。

発生しやすい野菜類

アズキ、エダマメ、ササゲ、サヤインゲン、サヤエンドウ、ソラマメなど

薬剤を使う前に
畑の周りに雑草が多いと発生しやすいため、除草を徹底します。日頃から植物をよく確認し、幼虫や成虫を見つけ次第、捕殺します。冬は越冬場所になる落ち葉や雑草を忘れずに除去します。

薬剤を使うなら
幼虫や成虫を見つけたらすみやかにベニカベジフルスプレー、ベニカ水溶剤、スターガードプラスAL、ダントツ水溶剤を植物全体に丁寧に散布します。ベニカベジフルスプレー、ベニカ水溶剤、ダントツ水溶剤は、幼虫が現れる梅雨入り前に散布しておくと、約1か月間発生を抑えられます。

マメヒメサヤムシガ ●葉がつづられて巻き、食害される

葉が巻いている
葉がつづられて丸められた。

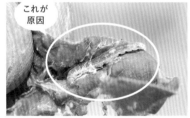
これが原因
つづられた葉を開くと、中に幼虫がいる。

被害が進むと…
さやが食害された。その後茶色くなってきた。

Data
発生時期 ── 5〜7月
発生部位 ── 葉、さや、子実
類別 ──── ハマキムシの仲間、食害性害虫

発生しやすい野菜類

アズキ、エダマメ、ソラマメなどのマメ科野菜

薬剤を使う前に
つづられた葉を見つけたら、葉を指ではさんで幼虫を押し潰して退治します。株を防虫ネットで覆って成虫の産卵を防ぎます。枯れた株、収穫後の作物の残骸はすみやかに処分します。

ハマキムシの仲間の食害性害虫で、約15mmの幼虫が新芽や芯の部分の葉を糸でつづりあわせ、その中に潜んで葉を食べます。被害部分は茶色く変色して枯れ、生育が止まります。幼虫はさやがつくとその中に侵入して子実を食べ、被害を受けたさやは黒色に変色します。年間3〜4回発生し、成虫のガが新芽やさやの近くに産んだ卵が孵化し、その後に現れる幼虫が害を及ぼします。成虫で越冬し、翌年に再び被害をもたらします。

薬剤を使うなら
発生初期に家庭園芸用スミチオン乳剤、住化スミチオン乳剤を被害部分によくかかるように株の全体に散布します。自然派薬剤はありません。

＊下線がある薬剤は生産者向けとして農協（JA）などで入手できる（同類名称薬剤は、家庭園芸用と適用が異なる場合もある）。

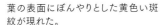

サヤインゲン ■マメ科

ハダニ類 ●葉に黄色い斑紋ができ、葉裏に小さな虫がつく

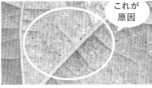

これが原因

葉の表面にぼんやりとした黄色い斑紋が現れた。

葉裏に暗赤色の微小な成虫がたくさんいる。

被害が進むと…

放置すると、葉が黄化しはじめる。

Data

発生時期 —— 5〜8月
発生部位 —— 葉裏
類別 ——— クモの仲間。吸汁性害虫

葉にぼんやりとした黄色い斑紋ができ、葉裏に約0.5㎜の微小な黄緑色や暗赤色の虫がいます。クモの仲間の吸汁性害虫で幅広い植物に寄生。繁殖が旺盛で約10日で成虫になるため、すぐに被害が拡大します。高温で乾燥した条件を好み、とくに梅雨明け以降の発生が目立ちます。被害が進むと葉は黄色く変色し、落葉して生育が妨げられます。被害部分にクモの巣状の網を張ることも。風で運ばれたり周囲の植物から歩行して移動し、成虫で越冬します。

発生しやすい野菜類

イチゴ、エダマメ、オクラ、キュウリ、サヤインゲン、シソ、スイカ、トウモロコシ、トマト、ナス、ピーマン、ホウレンソウなど

薬剤を使う前に 株元に敷きわらなどでマルチングし、夏は乾燥しすぎないよう、適度に水やりをします。葉に斑点がついていないかよく確認します。密植を避けて風通しをよくし、周辺の除草を徹底します。

薬剤を使うなら 発生初期に家庭園芸用マラソン乳剤、**ダニトロンフロアブル**を、自然派ならベニカナチュラルスプレー、ベニカマイルドスプレー、カダンセーフ、ロハピ、**エコピタ液剤**を、葉裏を中心に丁寧に散布します。

インゲンマメモザイク病 ●葉に濃淡のある斑が入り、萎縮する

Data

発生時期 —— 5〜7月(特にアブラムシの発生時期)
発生部位 — 葉
類別 ——— ウイルスによる伝染性の病気

ウイルスが原因

葉に緑色の濃淡ができ、萎縮している。

S.Yoneyama

葉に緑色の濃淡のあるモザイク状の斑が入ったり、葉が変形または萎縮します。ウイルスが原因で、サヤインゲンは複数の種類のウイルスに感染します。アブラムシによって伝染し、病気にかかった株の汁を吸う際に植物の中のウイルスがアブラムシの体内に入り、その後健全な株の汁を吸うことで周囲に広がります。高温乾燥でアブラムシが多発すると発生しやすく、生育が衰えて葉が小型化します。発病すると治療できないので、アブラムシの防除を徹底します。

発生しやすい野菜類

エダマメ、サヤインゲン、サヤエンドウ、ソラマメ、ラッカセイなどのマメ科野菜

薬剤を使う前に 発病株は抜き取って処分します。寒冷紗で株を覆ったり、光反射マルチを敷いてアブラムシの飛来を防ぎます。窒素肥料を一度にやりすぎるとアブラムシの発生を促すので注意します。

薬剤を使うなら モザイク病を治療する薬剤はありません。アブラムシの発生初期にアブラムシ防除のための薬剤ベニカ水溶剤、ベニカベジフルスプレー、**ダントツ水溶剤**を散布します。自然派薬剤なら、ベニカナチュラルスプレー、ベニカマイルドスプレー、カダンセーフ、アーリーセーフ、ピュアベニカ、**エコピタ液剤**をむらなく丁寧に散布します。

オクラ ■アオイ科

ワタノメイガ ●葉が筒状に巻いて、中に虫がいる

これが原因

被害が進むと…

葉が筒状に巻いているのが、よくある症状。

葉の中を開くと、葉を食害している幼虫がいる。

新芽のほとんどが食害されてしまった。

Data
発生時期 ── 7〜10月
発生部位 ── 葉
類別 ──── ガの仲間。食害性害虫

葉の縁が筒状に巻いて葉が食害されます。オクラやムクゲなどアオイ科の植物に寄生するハマキムシの仲間の主要害虫で、幼虫が糸でつづって葉を巻き、中に潜んで食害します。老齢幼虫は約20mmになるため、放置すると葉が食べつくされます。年3回発生し、特に梅雨明け以降の高温期に被害が目立ちます。幼虫は巻いた葉の中で蛹になり、羽化して成虫のガが現れます。成虫は葉裏に卵を産み、孵化した幼虫が再び食害します。幼虫の状態で越冬します。

 薬剤を使う前に

日頃から巻いた葉がないか確認し、見つけ次第、中にいる幼虫を捕殺します。幼虫は動きがすばやいので捕り逃さないように注意します。葉ごと取り除いて潰せば、より効率的です。

 薬剤を使うなら

オクラのワタノメイガに適用のある薬剤はありません。

発生しやすい野菜類
オクラのみに発生。

ネコブセンチュウ ●苗が下から枯れ上がり、根にコブがつく

被害が進むと…

発生しやすい野菜類
オクラ、カブ、カボチャ、キュウリ、サツマイモ、スイカ、ダイコン、トマト、ナス、ニンジン、ピーマンなど

被害を受けて地上部が枯れ上がって茶色くなった。

抜くと根にたくさん不定形のコブがついている。

Data
発生時期 ── 5〜7月
発生部位 ── 根
類別 ──── 根に寄生する土壌害虫

生育が悪く、下葉から枯れはじめた株を見つけて抜き取ると、根に大小のコブがたくさんついています。センチュウが根に寄生して養分を吸い取り、根を変形させてたくさんのコブを作ります。成虫は土の中に生息し、0.5〜1mmほどで、肉眼では見つけられないほど小さい害虫です。連作すると発生しやすく、被害が進むと株全体が枯死し、収量も減少します。被害を受けた株を抜き去ってもセンチュウは土壌の中に残るため、土壌消毒などを行う必要があります。

 薬剤を使う前に

連作を避け、被害を受けた株はすみやかに根を残さずに抜き取って処分します。対抗植物のクロタラリアやギニアグラスを前作に栽培すると一定の抑制効果があります。

 薬剤を使うなら

タネまき前に、**石原ネマトリンエース粒剤**を土に混和します。適用のある自然派薬剤はありません。

＊下線がある薬剤は生産者向けとして農協（JA）などで入手できる（同類名称薬剤は、家庭園芸用と適用が異なる場合もある）。

ワタアブラムシ　●新芽や葉、つぼみに約1mmの暗緑色の虫がつく

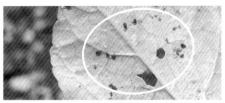
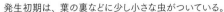

発生初期は、葉の裏などに少し小さな虫がついている。

これが原因

蕾に寄生しているワタアブラムシ。

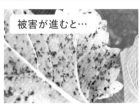

被害が進むと…

葉の裏全体にびっしりと群生してしまった。

Data

発生時期 ── 5〜11月
発生部位 ── 花、蕾、茎、新芽、葉
類別 ─── 群生する吸汁性害虫

新芽や葉、蕾に約1mm位の暗緑色の虫がつきます。オクラでは主に葉裏に群生。繁殖が旺盛で汁を吸って生育を阻害します。地域によっては薬剤抵抗性が発達し、従来の薬剤を散布しても効きにくいアブラムシとしても知られています。排泄物を栄養にしてすす病菌が増殖し、黒いすす病を誘発して茎や葉が汚れたり、ウイルスが原因のモザイク病を媒介します。生息密度が高くなると翅のある個体が自然に現れて別の場所に移動して被害が広がります。

薬剤を使う前に　日頃から新芽や花をよく観察し、見つけ次第潰したり、歯ブラシなどで取り除きます。きらきらする光を嫌う習性を利用して、シルバーマルチを敷くと成虫の飛来を軽減できます。窒素肥料のやりすぎは発生を促すので肥料やりにも気をつけます。

薬剤を使うなら　生息密度が高くなると防除効果も落ちるため、発生初期に殺虫剤を散布します。ベニカ水溶剤、ベニカベジフルスプレー、スターガードプラスAL、ダントツ水溶剤を丁寧に散布します。これらの薬剤は薬剤抵抗性が発達したアブラムシにも効果的です。自然派薬剤ならベニカナチュラルスプレー、ロハピ、エコピタ液剤を5〜7日間隔で散布します。

発生しやすい野菜類

イチゴ、オクラ、キュウリ、サトイモ、ジャガイモ、シュンギク、スイカ、ナス、ミツバなど

フタトガリコヤガ　●葉に緑色で細いトゲのある虫がいる

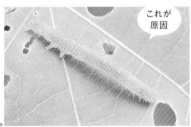

これが原因

葉の上にいるフタトガリコヤガの若齢幼虫（写真はラバテラ）。

放っておくと…

葉を食害する成熟した幼虫（写真はラバテラ）。

Data

発生時期 ── 6〜7月、9〜10月
発生部位 ── 葉、果実
類別 ─── ガの仲間。食害性害虫

鮮やかな緑色の体色に、黒の条紋があり、細いトゲのある幼虫で、シャクトリムシ状に移動します。ガの仲間の食害性害虫で、オクラのほかムクゲ、フヨウ、ラバテラなどアオイ科の花木に寄生します。年2回発生しますが、秋の被害が目立ちます。成虫が生長点付近に産卵し、孵化した幼虫は成長すると体長35〜40mmにもなり、葉が葉脈を残して丸裸になり、果実を食害することもあります。高温の年は多発します。幼虫が晩秋に成熟し、土の中で前蛹の状態で越冬し、翌年5月頃蛹になり、羽化した成虫が産卵し、被害が繰り返されます。

薬剤を使う前に　日頃から植物をよく観察し、葉の上の幼虫を見つけ次第捕殺します。被害を受けたムクゲ、フヨウ、ラバテラなどアオイ科の花木が近くにあると成虫が飛来する可能性があるので注意します。

薬剤を使うなら　オクラのフタトガリコヤガに適用のある薬剤はありません。

発生しやすい野菜類

オクラのみに発生。

カボチャ ■ウリ科

うどんこ病　●葉に白い粉をまぶしたようにカビが生える

Data
発生時期 ── 5〜10月
発生部位 ── 葉
類別 ───── カビ（糸状菌）による伝染性の病気

葉に小麦粉をまぶしたような白いカビが生えます。カビ（糸状菌）が原因で、発生初期はうっすらと白いカビで覆われるため葉がくすんで見えます。そのタイミングを逃さずに対処しましょう。被害が進むと葉が真っ白になり、光合成が阻害されて生育が衰え、株が枯れ上がって著しく衰弱します。一般の病気は湿度が高いと発生しやすいですが、うどんこ病はやや乾燥ぎみで発生します。肥料過多で葉が繁茂したり、日当たりや風通しが悪いと発生しやすくなります。

葉の表面が白くなった
葉に小麦粉をまぶしたような白いカビが発生した。

カビが原因
症状が進み、葉の表面全体がカビで真っ白になった。

被害が進むと…
重症化すると、ほとんどの葉が落ちることがある。

薬剤を使う前に
十分な間隔をとって植え付け、つるを適切に伸ばして風通しをよくします。被害を受けた葉、落ち葉は早めに取り除いて伝染源を断ちます。葉が茂りすぎた場合は適宜摘み取ります。窒素肥料を一度にやりすぎると発生が促されるので注意しましょう。

薬剤を使うなら
発生が進むと防除効果が劣るので、発生前から発生初期（白色のカビがうっすらと現れる）に、STダコニール1000や兼商モレスタン水和剤、ダコニール1000を散布します。自然派薬剤ならベニカナチュラルスプレー、ベニカマイルドスプレー、カダンセーフ、ピュアベニカ、カリグリーンを株全体にむらなく丁寧に散布します。

発生しやすい野菜類
イチゴ、オクラ、カボチャ、サヤインゲン、サヤエンドウ、トマト、ナス、ニンジン、パセリ、ピーマン、メロンなど

カボチャモザイク病　●葉に緑色の濃淡のあるモザイク状の斑が入る

まだら模様ができた
葉にモザイク状の斑が現れた。

ウイルスが原因
葉全面に緑色の濃淡ができた。

被害が進むと…
被害を受けて株全体が衰弱した（写真はズッキーニ）。

Data
発生時期 ── 4〜10月（特にアブラムシの発生時期）
発生部位 ── 葉
類別 ───── ウイルスによる伝染性の病気

葉に緑色の濃淡のあるモザイク状の斑が入り、生育が阻害されます。ウイルスが原因の病気で、被害が進むと株全体が萎縮します。ウイルスはアブラムシが媒介しますが、病気にかかった植物を扱った後など、ハサミや手についた植物の汁液でも感染すると考えられています。高温乾燥で雨が少なく、アブラムシの発生が多い年は発生しやすく、一度発病すると治療できないので、アブラムシを防除することが重要です。

薬剤を使う前に
発病株を見つけたら株ごと廃棄します。定植時に寒冷紗で株を覆ったり、光反射マルチを敷いてアブラムシの飛来を防止します。窒素肥料を一度にやりすぎるとアブラムシの発生を促すので注意します。発病株は、管理作業の最後に扱います。

薬剤を使うなら
モザイク病を治す薬剤はありません。アブラムシの発生初期にベニカベジフルスプレー、ベニカ水溶剤、ダントツ水溶剤を散布します。自然派薬剤ならベニカナチュラルスプレー、アーリーセーフ、ベニカマイルドスプレー、カダンセーフ、ピュアベニカ、エコピタ液剤を植物全体に散布します。

発生しやすい野菜類
カボチャ、ズッキーニなど

＊下線がある薬剤は生産者向けとして農協（JA）などで入手できる（同類名称薬剤は、家庭園芸用と適用が異なる場合もある）。

ウリハムシ　●葉に円い穴があき、黄色の甲虫がいる

初期症状では、葉がリング状に食害される。

これが原因

葉を食害しているウリハムシの成虫。体長は約8㎜。

被害が進むと…

多くの穴があいて、葉がぼろぼろになった。

Data
発生時期 ── 5～8月
発生部位 ── 葉（成虫）、根（幼虫）
類別 ──── 食害性害虫

葉に円い穴があき、光沢がある黄色の甲虫がいます。年1回発生して葉をリング状に食害します。多発すると葉はぼろぼろになり、葉が食べつくされることもあります。成虫は葉を食害しながら、ウリ類の株元に卵を産みます。孵化した黄白色のウジムシ状の幼虫が根を食害し、梅雨明け頃から葉が日中にしおれて徐々に衰弱して枯れます。幼虫は成熟すると土の中で蛹になり、羽化した成虫が7～8月に現れ、その成虫が日なたの石垣の隙間や雑草地などで越冬します。

薬剤を使う前に　成虫を見つけて捕殺します。晴天の日中は動きが活発で捕まえにくいため、動きが鈍い朝のうちに捕殺します。定植時にシルバーマルチで地面を覆い、成虫の飛来を抑えます。

薬剤を使うなら　成虫の発生初期に**サンケイマラソン乳剤**を植物全体に散布します。幼虫対策には、植え付け時に**家庭園芸用サンケイダイアジノン粒剤3、サンケイダイアジノン粒剤3**を土に混ぜ込んでから定植します。適用のある自然派薬剤はありません。

発生しやすい野菜類

カボチャ、キュウリ、シロウリ、スイカ、ヒョウタン、ヘチマ、マクワウリ、メロンなどのウリ類

ウリキンウワバ　●葉に緑色で突起と黒い点がある虫がいる

これが原因

葉の上をシャクトリムシのように歩く若齢幼虫（写真はキュウリ）。

M.Shibao

放っておくと…

成長して葉縁部から食害している中齢幼虫（写真はキュウリ）。

M.Shibao

Data
発生時期 ── 6月、9～11月
発生部位 ── 葉
類別 ──── ガの仲間。食害性害虫

カボチャ、キュウリ、メロン、スイカなどのウリ科野菜の葉を食害するヤガ科の食害性害虫で、幼虫が葉を食害します。年間4～5回発生し、9月以降の被害が目立ちます。夜行性の成虫のガが葉裏に卵を1個ずつ産み、孵化した幼虫は体の表面に角状突起と小黒点があり、シャクトリムシのように歩きます。幼虫は成熟すると体長40～50㎜になって葉縁部から食害し、葉の基部付近を噛み切り葉脈を切断して白い繭を作り、その中で蛹を経て成虫になります。

薬剤を使う前に　日頃から植物をよく観察し、葉の上の幼虫や白い繭を捕殺します。防虫ネットで株を覆って成虫の産卵を防ぎます。

薬剤を使うなら　カボチャのウリキンウワバに適用のある薬剤はありません。

発生しやすい野菜類

カボチャ、キュウリ、スイカ、メロンなどのウリ科野菜、ダイコン、ハクサイなどのアブラナ科野菜

キュウリ ■ウリ科

うどんこ病 ●葉に白い粉をまぶしたようなカビが生える

白い斑点が
初期症状

発生初期には、白くて丸い粉状の斑点が発生する。

カビが
原因

被害が進んで、葉の全面に白いカビが広がった。

被害が進むと…

株全体に広がって多くの葉が被害を受けた。

Data
発生時期 ── 5〜10月
発生部位 ── 葉
類別 ────── カビ（糸状菌）による伝染性の病気

葉に小麦粉をまぶしたような白いカビが生えます。カビ（糸状菌）が原因で発生するキュウリの主要病害で、被害が進むと葉全体が白くなり、すべての葉が落ちて衰弱します。果実に栄養がゆきわたらず、キュウリが曲がる原因になります。雨が少なく曇りの日が続いて、やや乾燥ぎみの条件で発生。肥料の与えすぎや密植して日当たりや風通しが悪いと発生が促されます。発生初期は白いカビがうっすらと生えて葉がくすんで見えるので、見逃さずに対処します。

薬剤を使う前に
十分な間隔で定植し、つるを適切に誘引し、風通しをよくします。被害を受けた葉や落ち葉は早めに取り除きます。窒素肥料を一度にやりすぎると発生が促されるので注意します。

薬剤を使うなら
発生前の株元にベニカXガード粒剤を散布します。発生前から発生初期に、ベニカグリーンVスプレー、カダンプラスDX、STダコニール1000、ダコニール1000、パンチョTF顆粒水和剤を植物全体に丁寧に散布します。自然派薬剤ならベニカナチュラルスプレー、ベニカマイルドスプレー、やさお酢、アーリーセーフ、カリグリーンをむらなく丁寧に散布します。

発生しやすい野菜類
イチゴ、オクラ、カボチャ、キュウリ、サヤインゲン、サヤエンドウ、トマト、ナス、ニンジン、パセリ、ピーマン、メロンなど

べと病 ●葉脈に囲まれた斑点が黄色や褐色になる

葉に斑点

黄色い病斑がキュウリの葉に現れはじめた。

放っておくと…

病斑は葉脈に囲まれるようにできる。被害が進んで斑紋が大きくなった。

カビが
原因

葉裏には灰黒色のカビが生える。

発生しやすい野菜類
カボチャ、キュウリ、シロウリ、スイカ、トウガン、ニガウリ、ヘチマ、メロン、ユウガオなどのウリ科野菜

Data
発生時期 ── 6〜7月
発生部位 ── 葉
類別 ────── カビ（糸状菌）による伝染性の病気

葉に葉脈に囲まれた黄色い斑紋ができます。カビ（糸状菌）による主要病害で梅雨時に発生し、被害が進むと下の葉から枯れ上がります。発病した葉の裏には灰黒色のカビが生え、そこで作られる胞子が風で周囲に飛散し、健全な葉の気孔から侵入して伝染します。肥料不足で株が衰弱していたり、水はけ、日当たり、風通しが悪く、多湿条件になると発生が促されます。病原菌は発病した落ち葉とともに土の中で越冬し、翌春増殖して再び健全な植物に伝染します。

薬剤を使う前に
定植時は畝を高くして排水性をよくし、泥はね防止にマルチを張ります。密植を避け、日当たりや風通しをよくします。被害葉や作物の残渣は早めに除去します。施肥管理を徹底して丈夫に育てます。ただし、窒素肥料を一度にやりすぎたり、逆に不足した場合でも発生しやすいので注意しましょう。

薬剤を使うなら
発生初期の斑点がまだ小さいうちに、周囲の健全な株も含め、GFワイドヒッター顆粒水和剤、STダコニール1000、ダコニール1000を、自然派薬剤ならサンボルドー、Zボルドーを、植物全体に丁寧に散布します。

＊下線がある薬剤は生産者向けとして農協（JA）などで入手できる（同類名称薬剤は、家庭園芸用と適用が異なる場合もある）。

炭疽病 (たんそびょう) ●葉に円い黄褐色の病斑ができて穴があく

Data
発生時期 — 6〜9月
発生部位 — 葉、茎、果実
類別 —— カビ（糸状菌）による伝染性の病気

葉に円形で黄褐色の病斑ができ、やがて穴があきます。カビ（糸状菌）が原因で、果実に黄褐色でへこんだ病斑ができます。気温が22〜24℃で降雨が続き、湿度が高く風通しが悪いときや、排水が悪い畑では発病が促されます。病斑で作られる胞子が雨のはね返りで伝染します。

発生しやすい野菜類

キュウリ、シロウリ、スイカ、トウガン、マクワウリ、メロン、ユウガオなどのウリ科野菜

薬剤を使う前に 排水のよい畑で栽培し、密植を避けて、風通しをよくします。被害部分や落ち葉は早めに処分します。窒素肥料をやりすぎたり、茎葉が茂りすぎると発生が促されるので注意します。また、収穫終了時には支柱についた枯れ葉や巻きひげを取り除きます。

薬剤を使うなら 発生初期にSTダコニール1000、ダコニール1000やGFベンレート水和剤、家庭園芸用トップジンMゾルを植物全体にむらなく散布します。

カビが原因
発病して葉に円い黄褐色の病斑ができた。

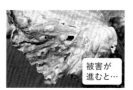
被害が進むと…
被害が進行して、病斑部に穴があいた。

ウリハムシ ●葉に円い穴があき、オレンジ色の甲虫がいる

Data
発生時期 — 4〜10月
発生部位 — 葉（成虫）、根（幼虫）
類別 —— 食害性害虫

葉に円い穴があき、光沢のあるオレンジ色の甲虫が晴れた日に株の周りを飛び回ります。年1回発生するウリ科野菜の主要害虫で、ウリ類の葉をリング状に食害して穴をあけます。約8mmの成虫はウリ類の株元に卵を産み、孵化した黄白色のウジムシ状の幼虫が根を食害します。

発生しやすい野菜類

カボチャ、キュウリ、シロウリ、スイカ、ヘチマ、ヒョウタン、マクワウリ、メロンなどのウリ科野菜

薬剤を使う前に 成虫を見つけたらすぐに捕殺します。晴天の日中は活発に動き回って捕まえにくいので、早朝の動きのにぶいうちに捕殺します。キラキラ反射する光を嫌う習性を利用して、定植時にシルバーマルチで畝を覆ったり、幼苗や小面積の栽培は、防虫ネットを張って成虫の飛来を防止します。

薬剤を使うなら 成虫の発生初期にベニカXネクストスプレー、ベニカベジフルスプレー、スターガードプラスALやベニカベジフル乳剤、サンケイマラソン乳剤を散布します。危険を察知するとすばやく逃げるため、朝早めの動きのにぶいうちに散布します。幼虫対策には、植え付け時に家庭園芸用サンケイダイアジノン粒剤3、サンケイダイアジノン粒剤3を土に混ぜ込み定植します。

これが原因
葉をリング状に食害されて、円い穴があいた。

被害が進むと…
多くの穴があいて、葉がぼろぼろになった。

ハダニ類 ●葉に小さな斑点ができてかすり状になる

小さな斑点
たくさんの白い小さな斑点が葉の全体にできた。

暗赤色で約0.5mmの成虫が葉裏に寄生している。
これが原因

Data
発生時期 — 5〜8月
発生部位 — 葉裏
類別 —— クモの仲間。吸汁性害虫

葉に白い小さな斑点がつき、葉裏に約0.5mmで黄緑色や暗赤色の虫がいます。クモの仲間の吸汁性害虫で、雑草まで寄生します。高温乾燥条件を好むため、梅雨明け以降の被害が目立ちます。繁殖が旺盛で、卵は約10日で成虫になり、風や周囲の植物から歩行して移動します。

発生しやすい野菜類

イチゴ、エダマメ、オクラ、キュウリ、サヤインゲン、シソ、スイカ、トウモロコシ、トマト、ナス、ピーマン、ホウレンソウなど

薬剤を使う前に 梅雨明け後は株元に敷きわら等でマルチングし、夏は乾燥しすぎないよう、適度に水やりします。葉の白い斑点や葉裏に微小な暗赤色の虫がいないか確認します。特に雨が当たらないベランダなどのコンテナ栽培は注意します。密植を避けて風通しをよくし、周辺の除草を徹底します。

薬剤を使うなら ハダニの密度が高くなると効果が劣るため、発生初期にダニ太郎やバロックフロアブル、ダニトロンフロアブルを、自然派薬剤ならベニカナチュラルスプレー、ベニカマイルドスプレー、カダンセーフ、ピュアベニカ、エコピタ液剤を、葉裏を中心に丁寧に散布します。

ワタアブラムシ　●葉裏や新芽に暗緑色で約1mmの虫がたくさんつく

キュウリの葉裏に寄生したワタアブラムシ。

これが原因

新芽にびっしりと寄生している。

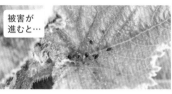

被害が進むと…

葉にゴマ粒のような小さな虫が群生した。

Data

発生時期 ── 5〜11月
発生部位 ── 花、蕾、茎、新芽、葉
類別 ──────── 群生する吸汁性害虫

葉裏や新芽に暗緑色で約1mmの虫がつきます。繁殖が旺盛で寄生した部位の汁を吸って生育を阻害します。地域によっては薬剤抵抗性が発達し、従来の薬剤を散布しても効きにくいアブラムシです。葉についた排泄物がすす病を誘発し、茎や葉に黒いカビを発生させて光合成を抑制したり、モザイク病を媒介するなど、さまざまな害を与える厄介な害虫です。脱皮を繰り返しながら成長し、葉の上に白いゴミのような脱皮殻がつくので、発生のサインとして役立てましょう。

発生しやすい野菜類

イチゴ、オクラ、キュウリ、サトイモ、ジャガイモ、シュンギク、スイカ、ナス、ミツバなど

薬剤を使う前に　日頃から葉や新芽をよく観察し、見つけ次第潰したり歯ブラシなどで取り除きます。きらきらする光を嫌うため、定植前にシルバーマルチを敷くと成虫の飛来を軽減できます。窒素肥料を一度にやりすぎると発生しやすいので、施肥にも注意します。肥料は窒素成分が一度に過剰溶出しないマイガーデンベジフルをおすすめします。

薬剤を使うなら　発生初期にベニカベジフルVスプレー、ベニカベジフルスプレー、カダンプラスDX、ダントツ水溶剤を散布します。また、家庭園芸用GFオルトラン粒剤、ジェイエース粒剤を定植時に使用します。ベニカベジフルVスプレー、ベニカベジフルスプレー、ダントツ水溶剤は薬剤抵抗性のついたアブラムシにも効き、約1か月間の予防効果があります。自然派薬剤ではベニカナチュラルスプレー、アーリーセーフ、ベニカマイルドスプレー、ピュアベニカ、エコピタ液剤を散布します。

ネコブセンチュウ　●株が下から枯れ、根にコブがたくさんつく

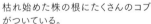

枯れ始めた株の根にたくさんのコブがついている。

害虫が作ったコブ

根を見ると、変形した大小のコブができている

被害が進むと…

被害を受けて、地上部が枯れ上がってしまった。

Data

発生時期 ── 5〜7月
発生部位 ── 根
類別 ──────── 根に寄生する土壌害虫

生育が悪く、下葉から枯れ始めた株を見つけて抜き取ると、根に大小のコブがたくさんついています。センチュウが根に寄生して養分を吸い取り、根を変形させてたくさんのコブを作ります。成虫は土の中に生息し、肉眼では見つけられないほど小さく、0.5〜1mm程度の害虫です。連作すると発生しやすく、被害が進むと株全体が枯死して収量も減少します。被害を受けた株を抜き去ってもセンチュウは土壌の中に残るため、土壌消毒などを行う必要があります。

薬剤を使う前に　連作を避け、被害を受けた株はすみやかに根を残さずに抜き取って処分します。前作に対抗植物のクロタラリアやギニアグラスを栽培すると一定の抑制効果があります。

薬剤を使うなら　種まき前や定植前に、ネマトリンエース粒剤を土に混和します。適用のある自然派薬剤はありません。

発生しやすい野菜類

カブ、カボチャ、キュウリ、サツマイモ、スイカ、ダイコン、トマト、ナス、ニンジン、ピーマンなど

　＊下線がある薬剤は生産者向けとして農協（JA）などで入手できる（同類名称薬剤は、家庭園芸用と適用が異なる場合もある）。

サヤエンドウ ■マメ科

ナモグリバエ（エカキムシ）　●葉に曲がりくねった白い線ができた

放っておくと…

被害が進んで、多くの葉が白くなった。

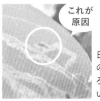
これが原因

白い線の中の黒いところに幼虫がいる。

白い線

葉に白くて曲がりくねった線がたくさんできた。

Data
発生時期 ── 10〜翌年5月
発生部位 ── 葉
類別 ──── 葉の中に潜入する食害性害虫

葉面に曲がりくねった白い線が現れます。通称エカキムシと呼ばれ、マメ科やアブラナ科の野菜のほか、キクやスイートピーなどの草花類にも広範囲に寄生します。北日本では年間3〜4回発生しますが、暖地は冬にも発生します。成虫のハエが葉の中に産卵し、孵化した幼虫が葉表と葉裏を残して葉の中を食害して進むため、被害部分は半透明になって生育が阻害されます。多発すると葉全体が枯死し、生育初期に被害が多いと収量が減少します。

発生しやすい野菜類

カブ、キャベツ、コマツナ、サヤエンドウ、ジャガイモ、シュンギク、ダイコン、ハクサイ、ブロッコリー、レタスなど

薬剤を使う前に
日頃から植物をよく観察します。葉に白い線が現れたら、できるだけ早く線の先端部分にいる幼虫を指で押し潰して退治します。

薬剤を使うなら
多発すると防除が困難になるので、発生初期に**家庭園芸用マラソン乳剤**、**アディオン乳剤**を散布します。自然派薬剤なら、**スピノエース顆粒水和剤**を散布します。

エンドウヒゲナガアブラムシ　●葉や新芽、さやなどに小さな虫が多数つく

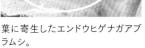

葉に寄生したエンドウヒゲナガアブラムシ。

これが原因

さやに寄生して汁を吸っている。

被害が進むと…

さや全体にびっしりと群生してしまった。

発生しやすい野菜類

アズキ、エダマメ、ソラマメ、サヤインゲン、サヤエンドウなど

Data
発生時期 ── 4〜11月
発生部位 ── 新芽、葉、茎、蕾、花弁、さや
類別 ──── 群生する吸汁性害虫

体長が約4mmで淡黄色の虫が、花弁やさや、新芽や葉、蕾などに群生します。菜園で春から目立つアブラムシで、マメ科の野菜の汁を吸って生育を阻害したり、二次被害としてすす病を誘発させる厄介な害虫です。繁殖が旺盛で、放置するとさや全体が小さな虫でびっしりと覆われることがあります。冬はサヤエンドウやソラマメに寄生して越冬し、翌春の気温の上昇とともに活動を始めて伸びた新芽に寄生して増え、再び害を与えます。

薬剤を使う前に
見つけ次第潰して退治します。周囲にカラスノエンドウなどのマメ科雑草があれば除去します。窒素肥料を一度にやりすぎると発生を促すので注意します。

薬剤を使うなら
発生初期に**家庭園芸用スミチオン乳剤**、**スターガードプラスAL**や**アディオン乳剤**を散布します。自然派薬品では、**ベニカナチュラルスプレー**、ベニカマイルドスプレーやアーリーセーフ、ロハピ、**エコピタ液剤**を5〜7日間隔で散布します。

ズッキーニ ■ウリ科

うどんこ病 ●葉に白い粉をまぶしたようなカビが生える

葉にたくさんの白い斑点がついた。

カビが原因

病原菌は菌糸を葉の表面に伸長させ、栄養を植物から奪う。

被害が進むと…

斑点が融合して、葉に広がってしまった。

Data

発生時期 —— 5～8月
発生部位 —— 葉
類別 ——— カビ（糸状菌）による伝染性の病気

葉に小麦粉をまぶしたような白いカビが生えます。カビ（糸状菌）が原因で、葉の表裏ともに発生し、被害が進むと葉全体が白く覆われ、光合成が阻害されて植物の生育が悪くなり、株が枯れ上がります。雨が少なく曇りの日が続いて、やや乾燥ぎみの条件で発生します。また、肥料の与えすぎで葉が茂りすぎたり、密植して、日当たりや風通しが悪いと発生が促されます。被害を受けた葉の上に胞子ができて風で飛散し、周囲に伝染します。

発生しやすい野菜類

イチゴ、オクラ、カボチャ、サヤインゲン、サヤエンドウ、ズッキーニ、トマト、ナス、ニンジン、パセリ、ピーマン、メロンなど

薬剤を使う前に 密植を避け、十分な間隔をとって植え付け、風通しをよくします。被害を受けた葉、落ち葉は早めに取り除いて伝染源を断ちます。葉が茂りすぎた場合は適宜摘み取ります。窒素肥料を一度にやりすぎると発生が促されるので注意しましょう。

薬剤を使うなら 発生が進むと効果が劣るので、発生前～発生初期（白いカビがうっすらと現れるとき）に、STダコニール1000、パンチョTF顆粒水和剤、STダコニール1000を、自然派薬剤ならベニカナチュラルスプレー、カダンセーフ、ロハピ、エコピタ液剤を植物全体にむらなく丁寧に散布します。

カボチャモザイク病 ●葉に緑色の濃淡がある斑が入り、萎縮した

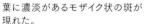

葉に濃淡があるモザイク状の斑が現れた。

ウイルスが原因

葉が委縮し、湾曲してしまった。

放っておくと…

被害が進んで、株全体が衰弱した。

発生しやすい野菜類

カボチャ、ズッキーニなど

Data

発生時期 —— 4～10月（特にアブラムシの発生時期）
発生部位 —— 葉
類別 ——— ウイルスによる伝染性の病気

葉に緑色の濃淡のあるモザイク状の斑が入り、生育が阻害されます。ウイルスが原因の病気で、多発すると株全体が萎縮します。ウイルスはアブラムシが媒介しますが、病気にかかった植物を扱った後など、剪定バサミや手についた植物の汁液でも感染すると考えられています。高温乾燥で雨が少なく、アブラムシの発生が多い年は発生しやすく、発病すると治療はできないので、いかに感染させないようにするかが重要です。

薬剤を使う前に 発病した株を見つけたら株ごと廃棄します。定植時に寒冷紗で株を覆ったり、光反射マルチを敷いてアブラムシの飛来を防止します。窒素肥料を一度にやりすぎるとアブラムシの発生を促すので注意します。発病株の扱いは管理作業の最後にします。

薬剤を使うなら モザイク病に適用のある薬剤はありません。アブラムシの発生初期にベニカAスプレー、アディオン乳剤を、自然派薬剤ならベニカナチュラルスプレー、ベニカマイルドスプレー、アーリーセーフ、カダンセーフ、ロハピ、エコピタ液剤を、虫によくかかるように十分に散布します。

＊下線がある薬剤は生産者向けとして農協（JA）などで入手できる（同類名称薬剤は、家庭園芸用と適用が異なる場合もある）。

ソラマメ ■マメ科

マメアブラムシ ●真っ黒で小さな虫が新芽や茎に群生する

新芽に寄生したマメアブラムシ。発生が多いと新芽が萎縮する。

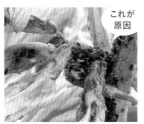
これが原因
蕾や花にも群がって寄生する。

葉裏にも広がって群生している。

被害が進むと…
多数発生して、びっしりと茎が虫で覆われた。

Data
発生時期 —— 2～6月、11～12月
発生部位 —— 新芽、葉、茎、蕾
類別 ——— 群生する吸汁性害虫

うっすらと白い粉で覆われた小さな黒い虫が、新芽や茎にびっしりとつきます。菜園で早春から目立つ代表的なアブラムシで、マメ科の野菜や庭木、雑草に寄生し、植物の汁を吸って生育を阻害し、すす病を誘発したり、モザイク病を媒介するので、とても厄介な害虫です。繁殖が旺盛で、放置すると株全体が虫で真っ黒に覆われます。冬は雌の成虫が芽の近くで越冬し、翌春気温の上昇とともに伸びた新芽に寄生して増え、再び害を与えます。

薬剤を使う前に
見つけ次第潰して退治します。カラスノエンドウなどのマメ科雑草を除去します。室素肥料のやりすぎは発生を促すので注意します。

薬剤を使うなら
発生初期に**家庭園芸用スミチオン乳剤、住化スミチオン乳剤**を、自然派薬剤なら**ベニカナチュラルスプレー、ベニカマイルドスプレー、アーリーセーフ、カダンセーフ、ピュアベニカ、エコピタ液剤**を散布します。

発生しやすい野菜類
アズキ、サヤインゲン、サヤエンドウ、ソラマメなど

赤色斑点病 (せきしょくはんてんびょう) ●葉やさやに赤褐色で円い斑点ができる

Data
発生時期 —— 4～6月
発生部位 —— 葉、茎、さや
類別 ——— カビ（糸状菌）による伝染性の病気

葉やさやに小さな円形ではっきりした赤褐色の斑点がつきます。別名チョコレート斑点病と呼ばれるカビ（糸状菌）が原因の病気で、晩秋から春にかけて発病した株から分生子（胞子の一種）が飛散し、葉や茎から侵入します。発病は年内から見られますが冬期の病斑は広がらず、3～4月に急に広がって病斑も大きくなります。5～6月に雨が続くと被害が進んで落葉し、良質なマメが収穫できなくなります。病原菌は被害葉の上で黒色の菌核を作って夏を過ごし、晩秋から春に増殖します。

カビが原因
葉や茎に赤褐色の円い斑点が現れた。
S.Yoneyama

発生しやすい野菜類
ソラマメのみに発生します。

薬剤を使う前に
収穫後の発病株が伝染源になって次の作付け株に伝染するため、収穫後の茎葉は畑に一切残さずに処分します。密植を避けて、風通しをよくします。室素肥料を一度にやりすぎると株が軟弱に育って発生しやすいため、肥料やりにも注意します。

薬剤を使うなら
発生初期に**ファンタジスタ顆粒水和剤**を、葉裏にもかかるように株全体にむらなく丁寧に散布します。自然派薬剤なら**Zボルドー**を散布します。

トウガラシ ■ナス科

ピーマンモザイク病 ●葉に濃淡のあるモザイク状の斑が入ったり、萎縮する

発病したため、葉にモザイク状の斑が入って萎縮した。

ウイルスが原因

葉に緑色の濃淡ができた。

被害が進むと…

被害が進み、果実が奇形になってしまった。

病気の株は葉が小さくなる。病気にかかった株(手前)、健全な株(奥)。

Data
発生時期 —— 3〜6月(特にアブラムシの発生時期)
発生部位 —— 葉
類別 ———— ウイルスによる伝染性の病気

葉に緑色の濃淡のあるモザイク状の斑が入ったり、葉が萎縮します。ウイルスが原因で、7種類のウイルスによって起こります。アブラムシによって伝染し、高温、乾燥の年でアブラムシの発生量が多いと発生しやすく、被害が進むと株の生育が悪くなります。病気にかかった植物に使ったハサミや手についた植物の汁液が、健全な植物の傷口について伝染することも。種子や土壌では伝染しません。発病したら治療できないので、アブラムシの防除を徹底します。

モザイク病の発生しやすい野菜類

カブ、コマツナ、ダイコンなどのアブラナ科野菜、ジャガイモ、シュンギク、トウガラシ、ピーマン、ホウレンソウなど

薬剤を使う前に
発病株は抜き取って処分します。寒冷紗で株を覆ったり、光反射マルチを敷いてアブラムシの飛来を防ぎます。窒素肥料を一度にやりすぎるとアブラムシの発生を促すので注意します。発病株の取り扱いは管理作業の最後にします。

薬剤を使うなら
モザイク病を治療する薬剤はありません。アブラムシの発生初期にアブラムシ防除のためのベニカ水溶剤、ベニカベジフルスプレー、ダントツ水溶剤を散布します。自然派薬剤なら、ベニカナチュラルスプレー、ベニカマイルドスプレー、アーリーセーフ、カダンセーフ、ロハピ、エコピタ液剤を、むらなく丁寧に散布します。また、定植や摘芽・誘引などの直前に、家庭園芸用レンテミン液剤を株全体に散布して感染を防止します。

オオタバコガ ●果実が食害されて、5〜10mmの円い穴があいた

幼虫が食害して、円い穴があいた果実。

これが原因

果実から出てきた茶褐色の幼虫(写真はトウモロコシ)。

被害が進むと…

被害を受けた実を開けると、中に褐色の糞が入っている。

発生しやすい野菜類

オクラ、カボチャ、キャベツ、キュウリ、サヤエンドウ、ジャガイモ、トウガラシ、トウモロコシ、トマト、ナス、ピーマン、レタスなど

Data
発生時期 —— 6〜10月 (特に8〜10月に多い)
発生部位 —— 果実、茎葉、蕾
類別 ———— ガの仲間。食害性害虫

果実に5〜10mmの円い穴があきます。年3〜4回発生するガの仲間の幼虫が果実を食害し、穴から褐色の糞が出ます。幼虫の体色は緑色から茶褐色まであり、小さいうちは新芽や蕾を食べ、やがて果実や茎の中に入ります。老齢幼虫は約4cmになって摂食量も増え、複数の果実を次々に食害するため被害が大きくなります。高温で乾燥する年に発生が多く、秋に土の中で蛹になって冬を越し、翌年の6月に羽化します。成虫は約1.5cmの灰黄褐色のガで、葉裏や新芽などに産卵します。

薬剤を使う前に
果実に入る前の若い幼虫は葉の表皮や花蕾を好んで食害します。蕾や新芽が食害されていないか、葉に食痕や微小な糞がついていないか、よく観察し、近くにいる幼虫を見つけたら捕殺します。被害を受けた果実はすみやかに摘み取り、中にいる幼虫を退治します。中に幼虫がいない場合は、新しい果実に入っていると考えられるので、周りの果実を注意して調べます。日頃からよく観察して早期発見に努めましょう。

薬剤を使うなら
幼虫が果実の中に入ると薬剤がかかりにくく効果が劣るので、若い幼虫が発生する梅雨入り前〜梅雨前半に薬剤を植物全体に散布します。ベニカAスプレー、プレオフロアブルを使用するか、自然派薬剤のSTゼンターリ顆粒水和剤、ゼンターリ顆粒水和剤を使用します。

＊下線がある薬剤は生産者向けとして農協(JA)などで入手できる(同類名称薬剤は、家庭園芸用と適用が異なる場合もある)。

トウモロコシ ■イネ科

アワノメイガ ●茎や葉、果実に茶色い粉状の塊がつく

雄穂の付け根部分に幼虫が入って食害し、糞を出している。

これが原因

茎の穴から出てきた幼虫。穴の周りには茶色い糞がつく。

茎から糞が出ているのが、幼虫の食害を見つけるサイン。

被害が進むと…

果実の先端部に幼虫が入り、食害されて糞が付いている。

Data
発生時期 — 5〜8月
発生部位 — 穂、茎、果実
類別 —— ガの仲間。食害性害虫

茎や葉の基部に茶色い粉状の糞の塊がつきます。頭が黒色で体が淡黄色のガの幼虫が茎や実を食害します。初夏、株の先端に雄穂が出てくる時期に穂の付け根部分に幼虫が入って食害し、雄花が開花する頃から穂や茎の外へ盛んに糞を出します。その後、幼虫は成長しはじめた果実を加害するようになります。多発すると風で茎が折れたり、収量が減少します。幼虫は茎の中で蛹を経て、淡黄色で約10mmのガになります。関東地方では年2〜3回発生します。

発生しやすい野菜類
ショウガ、トウモロコシ、ミョウガなど

薬剤を使う前に 雄穂の付け根部分に糞が出ていないか確認し、見つけ次第被害部を切り取って果実への被害を防ぎます。収穫後は植物の残骸をすみやかに片づけ、翌年の発生源をなくします。

薬剤を使うなら 雄穂が出てきた時期にベニカS乳剤、ベニカAスプレーを株全体に散布します。または三明デナポン粒剤5を、雄穂が出てきた時期に雄穂の根元に散布し、その後雌穂が出てきたときに薬剤が葉の基部にたまるように散布します。自然派薬剤ならトアロー水和剤CTを株全体に散布します。

オオタバコガ ●果実の外側に円い穴があき、食害される

幼虫が果実の中に入って、苞葉の外側に円い穴があいた。

これが原因

果実から出てきた茶褐色のオオタバコガの幼虫

被害が進むと…

幼虫に食害されて穴があいた果実。

Data
発生時期 — 6〜8月
発生部位 — 果実
類別 —— ガの仲間。食害性害虫

ガの仲間の幼虫が果実に潜って食害し、果実に約5mmの円い穴があきます。幼虫の体色は緑色から茶褐色まで多様で、老齢幼虫は体長が約4cmになって摂食量が増え、しかも1匹が複数の果実を次々に食害するため、生息数が少なくても被害が大きくなる厄介な害虫です。多発すると収穫量も減少します。冬は土の中の蛹で過ごし、翌年6月に羽化して約1.5cmの灰黄褐色のガが現れます。葉に産卵し、孵化した幼虫が再びトウモロコシを加害します。

薬剤を使う前に 日頃から果実や葉に穴があいていないかよく確認し、被害を受けた果実はすみやかに摘み取り、中にいる幼虫を退治します。中に幼虫がいない場合は周りの果実を調べて捕殺しましょう。

薬剤を使うなら 若い幼虫が発生する梅雨入り前〜梅雨前半にプレバソンフロアブル5を、自然派薬剤ならSTゼンターリ顆粒水和剤、ゼンターリ顆粒水和剤を植物全体に数回散布します。

発生しやすい野菜類
オクラ、カボチャ、キャベツ、キュウリ、サヤエンドウ、ジャガイモ、トウガラシ、トウモロコシ、トマト、ナス、ピーマン、レタスなど

トマト ■ナス科

トマト黄化葉巻病（おうかはまきびょう） ●新しい葉が黄色くなって、葉の縁から表側に巻く

Data

発生時期 ── 4〜10月
発生部位 ── 葉
類別 ──── ウイルスによる伝染性の病気

新しい葉が黄色くなって、葉の縁から表側に巻きます。全国的に問題となっているウイルスによる伝染性の病気で、症状が進むと葉脈の間が黄色く変色して縮れ、発病した部位より上の節間が短くなって被害部分の様子が不自然に見えます。変色して縮れるわき芽が多数発生し、花が咲いても実がつかないことが多く、収穫が減少します。タバココナジラミという主要害虫の媒介で伝染します。この病気はタネには感染せず、また、土壌を通して伝染することもありません。

ウイルスが原因
西宮 聡
葉が黄色くなって生育不良になった。

これが媒介害虫
M.shibao

葉脈の間が黄色く変色して葉が縮れた。
西宮 聡

病気を媒介するタバココナジラミの成虫。体長は約0.8mm。葉裏に寄生し、植物に触れると白い小さな虫が舞い上がるのが特徴。

黄化葉巻病の発生しやすい植物

野菜ではトマト、草花ではトルコギキョウに発生します。

タバココナジラミの発生しやすい植物

エダマメ、カボチャ、キュウリ、サツマイモ、サヤインゲン、シシトウ、スイカ、トマト、ナス、ピーマンなどの野菜、キク、チューリップなどの草花、ホトケノザなどの雑草

薬剤を使う前に 発病すると治療できないため、タバココナジラミの防除を徹底します。植え付け時にシルバーマルチを敷いたり、株を目の細かい寒冷紗（0.4mm目）で覆い、タバココナジラミの侵入を防ぎます。発病した株は伝染源になるため、見つけ次第、株ごとにビニール袋に入れて廃棄します。周囲の除草を徹底し、収穫後は作物の残骸を早めに処分して虫の住みかをなくします。

薬剤を使うなら タバココナジラミを発生させないように心がけます。植え付け時に**ベストガード粒剤**を植え穴の土に混ぜます。自然派薬剤なら、タバココナジラミの発生時期に、周辺の野菜類や草花を含めて、ベニカナチュラルスプレー、ベニカマイルドスプレーやアーリーセーフ、ピュアベニカ、**エコピタ液剤**を、葉裏にもよくかかるように植物全体に丁寧に散布します。

青枯病（あおがれびょう） ●元気な株が急に緑色のまましおれ、数日で枯れる

Data

発生時期 ── 5〜8月（特に梅雨明けから夏）
発生部位 ── 根、葉
類別 ──── 細菌による伝染性の病気

元気に生育中の株が急に緑色のまましおれ、数日で枯れます。細菌による病気で、土の中で増えた病原菌が根から侵入し、増殖して導管部を侵すため水が上がらなくなってしおれます。被害が進むと根は褐色に腐り、地際部の茎を切ると中も褐変しています。切り口を水に挿すと、中から病原菌が白いすじ状に流れ出ます。水はけの悪い土壌で栽培したり、窒素肥料が過剰だと発生が促されます。病原菌は腐敗した根とともに土の中に残り、翌年健全な植物に伝染します。

株が急に緑色のまましおれるのが青枯病の特長。

細菌が原因

新芽がしおれて首が垂れた。

薬剤を使う前に 定植時は畝を高くして排水性をよくし、抵抗性台木に接木した苗を植えます。連作を避け、水のやりすぎ、窒素肥料のやりすぎに注意します。発病株は周囲に伝染しないよう、根を残さず周りの土とともに早めに抜き取って処分します。

薬剤を使うなら 発生前の株元に自然派薬剤の**ピュアベニカ**をたっぷり散布します。

発生しやすい野菜類

イチゴ、カブ、カボチャ、キュウリ、シソ、ジャガイモ、シュンギク、ダイコン、トウガラシ、トマト、ナス、ピーマンなど

＊下線がある薬剤は生産者向けとして農協（JA）などで入手できる（同類名称薬剤は、家庭園芸用と適用が異なる場合もある）。

疫病（えきびょう） ● 葉や茎に暗褐色の病斑ができて白いカビが生える

Data
発生時期 － 6～7月
発生部位 － 葉、茎、果実
類別 ───── カビ（糸状菌）による伝染性の病気

葉や茎に暗褐色の病斑ができ、曇天が続いて湿度が高いと白い霜状のカビが生えて果実が腐敗します。トマトに最も大きな被害を及ぼし、雨の多い梅雨期に発生。水中を泳ぐ遊走子（胞子の一種）が、降雨や灌水時に泥水とともにはね上がって、葉や茎、果実に侵入。土壌の水はけが悪いと発生が促されます。

発生しやすい野菜類

ジャガイモ、トマトなど

茎に暗褐色の病斑ができ、葉がしおれている。

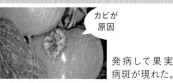
カビが原因
発病して果実に病斑が現れた。

ともに茨城県農業総合センター病害虫防除部 鹿島哲郎

薬剤を使う前に 発病した葉、果実、落ち葉や植物の残骸は早めに除去します。排水良好な土地に密植を避けて植え付け、マルチングして泥水の跳ね上がりを抑えます。梅雨時に雨よけシートで株をトンネル状に覆うと発病が抑えられます。同様に発病するジャガイモの近くの栽培を避けます。

薬剤を使うなら 発生前からSTダコニール1000やサンケイオーソサイド水和剤80、STダコニール1000を、自然派薬剤ならサンボルドー、Zボルドーを予防的に丁寧に植物全体に散布します。発生後は散布間隔を縮めて、集中散布を心がけます。近くにジャガイモがある場合は、同時に散布します。

灰色かび病 （はいいろかびびょう） ● 果実に灰色のカビが生える

Data
発生時期 － 5～7月（多湿時に多発する）
発生部位 － 果実、葉、葉柄
類別 ───── カビ（糸状菌）による伝染性の病気

果実に灰色のカビ（糸状菌）が生え、軟らかくなって腐敗。ボトリチス病とも呼ばれ、冷涼で雨や曇天が続く多湿時に発生しやすく、胞子が風などで飛散し周囲に伝染します。生育初期には葉に大きな褐色の病斑が現れたり、水浸状の斑点がつき、果実ではヘタの付近から発病。肥培管理が悪いと発病が促されます。

発生しやすい野菜類

イチゴ、オクラ、キュウリ、サヤインゲン、サヤエンドウ、ズッキーニ、タマネギ、トマト、ミニトマト、ナス、ピーマン、レタスなど

薬剤を使う前に 日頃の管理を徹底して丈夫に育てます。日当たりや風通しをよくします。被害部分や落ち葉は早めに取り除いて伝染源を断ちます。窒素肥料のやりすぎは発生を促すので注意します。

薬剤を使うなら 発生初期にベニカXファインスプレー、ベンレート水和剤、ゲッター水和剤を、自然派薬剤なら家庭園芸用カリグリーン、重曹スプレー容器付、カリグリーンをむらなく丁寧に散布します。

被害を受けて、先端部とヘタが灰色のカビで覆われた。

カビが原因
ヘタにカビが生えた果実。

オオタバコガ ● 果実に約5mmの穴があき、暗褐色の糞がつく

これが原因
果実の円い穴の中から出てきた茶褐色の幼虫。

発生初期に被害を受けたため、葉がしおれた。

Data
発生時期 ── 6～10月
発生部位 － 果実、茎葉、蕾
類別 ───── ガの仲間。食害性害虫

ガの仲間の幼虫が果実を食害して約5mmの穴があき、穴から暗褐色の糞が出ます。幼虫の体色は緑色から茶褐色まであり、発生初期は新芽や蕾を食害し、やがて果実の中に入ります。老齢幼虫は約4cmで摂食量も増えます。成虫は約1.5cmの灰黄褐色のガです。

発生しやすい野菜類

オクラ、カボチャ、キュウリ、サヤエンドウ、ジャガイモ、トウガラシ、トウモロコシ、トマト、ナス、ピーマンなど

薬剤を使う前に 蕾や葉の先端がしおれていないか、葉に円い食痕や微小な糞がついていないか、よく観察し、近くにいる幼虫を見つけたら捕殺します。被害果はすみやかに切り取り、中にいる幼虫を退治します。中に幼虫がいない場合は周りの果実を調べ捕殺します。

薬剤を使うなら 若い幼虫が発生する梅雨入り前～梅雨前半にベニカXネクストスプレー、カスケード乳剤を、自然派薬剤ならベニカナチュラルスプレー、STゼンターリ顆粒水和剤、ゼンターリ顆粒水和剤を植物全体に数回散布します。

トマト ■ナス科

アブラムシ類　●葉裏や新芽、幼果に2〜4mmの小さな虫がつく

Data
- 発生時期 ── 4〜7月
- 発生部位 ── 葉、新芽、幼果
- 類別 ──── 群生する吸汁性害虫

葉裏や新芽、幼果に2〜4mmの虫がつき、汁を吸います。葉についた排泄物にすす病が発生して果実や茎葉が黒く汚れたり、モザイク病のウイルスを媒介。白い脱皮殻を発生サインとして役立てます。夏期は生息数が減り、暖冬で雨が少ないと多発します。

発生しやすい野菜類

カブ、キュウリ、コマツナ、ダイコン、チンゲンサイ、トマト、ナス、ハクサイ、ブロッコリーなど

薬剤を使う前に
見つけ次第潰して退治します。きらきらする光を嫌う習性を利用して、定植時にシルバーマルチを敷いて成虫の飛来を軽減し、黄色捕獲粘着紙ビタットトルシーを近くに吊り下げて成虫を捕獲します。窒素肥料のやりすぎは発生を促すので、肥料の過剰供給の心配がないマイガーデンベジフルがおすすめ。風通しをよくし、周辺の除草を徹底します。

薬剤を使うなら
発生初期に、ベニカベジフルスプレー、カダンプラスDX、ベニカ水溶剤、ダントツ水溶剤を散布します。自然派薬品ならベニカナチュラルスプレー、ベニカマイルドスプレー、アーリーセーフ、ピュアベニカ、エコピタ液剤を散布します。5〜7日間隔でたっぷりかけるか、除虫菊成分のパイベニカVスプレーを散布します。

葉裏に群生したようす。

白いのは脱皮殻
被害が進み、多発して幼果に寄生した。

オンシツコナジラミ　●株に触れると、葉裏から小さな虫が舞い上がる

Data
- 発生時期 ── 5〜10月
- 発生部位 ── 葉裏
- 類別 ──── 群生する吸汁性害虫

植物の汁を吸って生育を阻害し、触れると葉裏から約1mmの白い小さな虫が飛び交うのが特徴です。繁殖が旺盛で雌は多いときには300個も産卵します。卵から短期間で成虫になるためすぐに被害が拡大し、排泄物にすす病が発生。暖冬だと翌春の発生が増えます。

発生しやすい野菜類

エダマメ、カボチャ、キャベツ、キュウリ、サヤインゲン、トマト、ナス、ピーマン、ホウレンソウ、メロンなど

薬剤を使う前に
周辺の除草を徹底し害虫の住みかを無くします。収穫後は植物の残骸を早めに処分し、越冬場所になる雑草（主にキク科雑草）を除去します。きらきらした光を嫌がる習性を利用して、定植時に光反射マルチを張る方法もあります。

薬剤を使うなら
発生初期にベニカXファインスプレー、スターガードプラスAL、ベニカ水溶剤、ダントツ水溶剤を丁寧に散布します。定植時にベニカXガード粒剤、ベストガード粒剤を植え穴にまいて根から吸わせて予防する方法もあります。自然派薬剤ならベニカナチュラルスプレー、アーリーセーフ、ベニカマイルドスプレー、ピュアベニカ、エコピタ液剤を、葉裏を中心に丁寧に散布します。

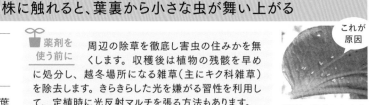
これが原因
葉裏に寄生した白色の成虫。

被害が進むと…
排泄物にすす病が発生した。白いカビはうどんこ病。

ハダニ類　●葉に斑点がたくさんできて、葉裏に小さな虫が群生する

多数の白い小斑点がついた葉。発生が多くなると、クモの巣状の網を張る。

Data
- 発生時期 ── 5〜10月
- 発生部位 ── 葉裏
- 類別 ──── クモの仲間、吸汁性害虫

葉に白い小さな斑点がついて、葉裏に約0.5mmの微小な黄緑色や暗赤色の虫がいます。クモの仲間の吸汁性害虫で卵は約10日で成虫になり、被害が拡大します。高温乾燥条件を好むため梅雨明け以降の被害が目立ち、クモの巣状の網を張ることもあります。

葉裏に寄生した約0.5mmのハダニの成虫。

これが原因

発生しやすい野菜類

オクラ、エダマメ、キュウリ、サヤインゲン、サヤエンドウ、シソ、トウモロコシ、トマト、ナス、ピーマン、ホウレンソウなど

薬剤を使う前に
梅雨明け後は株元に敷きわら等でマルチングし、夏場は乾燥しすぎないよう、適度な水やりをします。特に雨が当たらないバルコニーなどのコンテナ栽培では、日頃の確認を心がけます。密植を避けて風通しをよくし、周辺の除草を徹底します。

薬剤を使うなら
ハダニの密度が高くなると薬効が劣るため、発生初期にダニ太郎、マイトコーネフロアブルを葉裏を中心に丁寧に散布します。自然派薬剤ではベニカナチュラルスプレー、アーリーセーフ、ベニカマイルドスプレー、カダンセーフ、ピュアベニカ、エコピタ液剤を使用します。

＊下線がある薬剤は生産者向けとして農協（JA）などで入手できる（同類名称薬剤は、家庭園芸用と適用が異なる場合もある）。

うどんこ病　●葉に白い粉をまぶしたようなカビがつく

発生初期は、葉に斑点状のカビがつく。

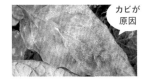
葉の全面に広がった白いカビ。

カビが原因

被害が進むと…

被害が進んで、白いカビがはっきりしてきた。

Data

発生時期 — 5〜7月
発生部位 — 葉
類別 ——— カビ（糸状菌）による伝染性の病気

葉に小麦粉をまぶしたような白いカビが生えます。カビ（糸状菌）が原因で、病気が進行すると葉全体が白く覆われ、後に被害部分は黄色く変色します。雨が少なく曇りの日が続き、やや乾燥ぎみで、昼と夜の温度差が大きいと発生します。また、窒素肥料を一度にやりすぎて葉が茂りすぎたり、密植した場合や、日当たり、風通しが悪いバルコニーや日陰での栽培では発生が促されます。被害を受けた葉の上に胞子ができて風で飛散し、周囲に伝染します。

発生しやすい野菜類

イチゴ、オクラ、カボチャ、キュウリ、サヤインゲン、サヤエンドウ、トマト、ナス、ニンジン、パセリ、ピーマン、メロンなど

薬剤を使う前に　十分に間隔をとって植え付け、芽かきや誘引して、風通し、日当たりをよくします。被害を受けた葉、植物の残渣は早めに取り除いて伝染源を断ちます。窒素肥料を一度にやりすぎると発生が促されるので注意します。

薬剤を使うなら　発生前〜発生初期（白色のカビがうっすらと現れたとき）にSTダコニール1000、STダコニール1000、パンチョTF顆粒水和剤を散布します。自然派薬剤ならベニカナチュラルスプレー、ベニカマイルドスプレー、ピュアベニカ、アーリーセーフ、カダンセーフ、エコピタ液剤を植物全体にむらなく丁寧に散布します。

尻腐れ症（しりぐされしょう）　●果実の先端部分が黒く円形に変色する

原因は生理障害

円形の腐った部分が、さらに広がってしまった。

被害が進むと…

果実を割って中を見ると、腐っている。

果実の先が黒く円形に腐って、へこんだ。

Data

発生時期 — 6〜8月（特に梅雨明けから盛夏）
発生部位 — 果実
類別 ——— カルシウム欠乏による生理障害

カルシウム欠乏によるトマトの代表的な生理障害で、果実の先端部分が黒く円形に変色してやがてへこみ、腐敗します。梅雨明け後に発生しやすく、土が乾燥して植物の吸水量が落ちると、水に溶けたカルシウムの吸収量が減るため、カルシウムを多く必要とする肥大期の果実に症状が出ます。また、第3花房から上の果実に発生する傾向があり、保水性の悪い畑や砂系の土壌、コンテナ栽培は注意。また、生育初期に窒素肥料を与えすぎると発生が促されます。伝染はしません。

発生しやすい野菜類

トマトのみに発生

薬剤を使う前に　保水性のよい土壌にマルチングを行い、適切に水やりして急激な乾燥を防ぎます。酸性土壌は植え付け前に苦土石灰を混ぜ、弱酸性（pH5.5〜6.5）に調整します。アースチェック液なら手軽に土壌酸度を測れます。肥料成分の過剰溶出の心配が少ないマイガーデンベジフルを利用します。

薬剤を使うなら　尻腐れ症が毎年出やすい畑では、花が咲きはじめたら、果実がピンポン球大になるまで1週間毎に、トマトの尻腐れ予防スプレーを花房と周辺の茎葉に散布して予防します。

ナス ■ナス科

ニジュウヤホシテントウ（テントウムシダマシ）　●葉が網目状になったら、テントウムシに似た虫がいる

葉が網の目のように食害されるのが特徴。

これが原因

葉裏に寄生した成虫。

葉裏に寄生した幼虫（ジャガイモ）。

葉裏についた卵塊。

被害が進むと…

被害を受けて傷ついた果実。

Data

発生時期 ── 5〜10月
発生部位 ── 葉、果実
類別 ──── 食害性害虫

葉が葉脈を残して網の目状になったら、赤褐色のテントウムシに似た虫がいます。年2〜3回発生するナス科野菜の主要害虫で、成虫や幼虫（体に枝分かれした多数のとげを持つ）が葉裏から食害します。被害が進むと果実も食害を受け、株の生育が遅れます。成虫は葉裏に産卵し、孵化した幼虫は群生して食害しますが後に分散し、蛹を経て再び成虫が現れます。成虫は落ち葉の下や樹皮の割れ目などで越冬します。関東以西の冷涼地を除く日本各地に生息します。

発生しやすい野菜類

キュウリ、サヤインゲン、トウガラシ、トマト、ナス、ピーマンなど

薬剤を使う前に　日頃からよく確認し、成虫や幼虫を見つけ次第捕殺します。収穫後の残渣は早めに処分して繁殖を防ぎ、越冬場所になる落ち葉の除去など畑の清掃を心がけます。

薬剤を使うなら　成虫、幼虫の発生初期にベニカXネクストスプレー、ベニカAスプレー、パイベニカVスプレー、家庭園芸用スミチオン乳剤、アディオン乳剤、カダンプラスDXを葉裏にもよくかかるように丁寧に散布します。適用のある自然派薬剤はありません。

チャノホコリダニ　●新葉が奇形になり、果実の表面がひび割れになる

寄生によって奇形になった新葉。

葉が変形

多数の葉が奇形になった。

葉の縁が巻き込み、葉裏が褐色になって光沢を帯びた。

被害が進むと…

果実の表面が褐色のひび割れ状になり、変形した。

Data

発生時期 ── 5〜10月
発生部位 ── 新葉、茎、蕾、果実
類別 ──── クモの仲間、吸汁性害虫

新葉が奇形になり、葉の縁が巻いて、葉裏が褐色に光沢を帯びます。野菜や草花、樹木に寄生する吸汁性害虫で夏の高温期に多く発生します。加害されると新芽は生育が止まって展開できず、果実の表面やヘタが褐色に傷ついて肥大が止まります。旺盛に繁殖し短期間で増えますが、成虫は体長約0.25mmで肉眼では確認できないため、被害が進んではじめて気づきます。自ら移動するほか、風でも運ばれます。サザンカやチャ、雑草の上で主に成虫で越冬します。

発生しやすい野菜類

イチゴ、サヤインゲン、ナス、ピーマンなど

薬剤を使う前に　周辺の除草を徹底して害虫の住みかをなくします。被害を受けて枯れた株、落ち葉など植物の残骸は早めに処分し、冬場は越冬場所になる雑草を忘れずに除去します。

薬剤を使うなら　日頃から観察し、新芽の萎縮、新葉の奇形などの症状が現れたら、すみやかに兼商モレスタン水和剤、アファーム乳剤を、自然派薬剤ならアーリーセーフ、サフオイル乳剤を葉裏や新芽を中心に植物全体に丁寧に散布します。

＊下線がある薬剤は生産者向けとして農協（JA）などで入手できる（同類名称薬剤は、家庭園芸用と適用が異なる場合もある）。

うどんこ病 ●葉に小麦粉をまぶしたような白いカビが生える

被害が進むと…

発生が多いと茎やヘタにも白いカビが生える。

Data
- 発生時期 － 6〜10月
- 発生部位 － 葉、茎、果実
- 類別 ―― カビ（糸状菌）による伝染性の病気

葉の表面に白いカビが点々と発生した。

カビが原因

葉に小麦粉をまぶしたような白いカビが生えます。カビ（糸状菌）が原因で、被害が進むと葉全体が白く覆われ、葉が波を打ったり、巻いたりします。茎や果実にもカビが生え、下の葉が黄色くなって落ちます。雨が少なく曇りの日が続いて、乾燥ぎみだと発生しやすくなります。

発生しやすい野菜類

イチゴ、オクラ、カボチャ、サヤインゲン、サヤエンドウ、トマト、ナス、ニンジン、パセリ、ピーマン、メロンなど

薬剤を使う前に　十分に間隔をとって植え付け、枝を適切に誘引し、風通しをよくします。被害を受けた葉、落ち葉は早めに取り除いて伝染源を断ちます。葉が茂りすぎた場合は適宜剪定します。窒素肥料を一度にやりすぎると発生が促されるので注意します。

薬剤を使うなら　発生前の株元にベニカXガード粒剤を散布します。発生前〜発生初期に、ベニカグリーンVスプレー、スターガードプラスAL、STダコニール1000、STダコニール1000、パンチョTF顆粒水和剤を、自然派薬剤ならカリグリーン、ベニカナチュラルスプレー、ベニカマイルドスプレー、やさお酢、アーリーセーフ、エコピタ液剤を植物全体に散布します。

カンザワハダニ ●葉に小さな斑点ができ、葉の裏に微細な虫がいる

Data
- 発生時期 ― 5〜10月
- 発生部位 ― 葉裏
- 類別 ―― クモの仲間、吸汁性害虫

葉に白い小さな斑点がつき、葉裏に約0.5mmの黄緑色や暗赤色の虫がいます。クモの仲間の吸汁性害虫で高温乾燥条件を好み、梅雨明け以降の被害が目立ちます。秋ナス栽培では収穫終了まで発生し、被害が進むと葉は変色し、落葉します。卵は約10日で成虫になります。

発生しやすい野菜類

イチゴ、サヤインゲン、エダマメ、オクラ、キュウリ、シソ、スイカ、セルリー、トウモロコシ、トマト、ナス、ピーマン、ホウレンソウなど

薬剤を使う前に　梅雨明け後は株元に敷きわら等でマルチングし、適度に水やりをします。葉をよく観察し、特にベランダのコンテナ栽培は注意。密植を避けて風通しをよくし、周辺の除草を徹底します。

薬剤を使うなら　ハダニの密度が高くなると薬剤の効果も劣るため、発生初期にダニ太郎、バロックフロアブル、カダンプラスDX、アファーム乳剤を、葉裏を中心に丁寧に散布します。自然派薬剤では、ベニカナチュラルスプレー、ベニカマイルドスプレー、パイベニカVスプレー、アーリーセーフ、やさお酢、エコピタ液剤を散布します。

被害を受けて、葉に白い小斑点がたくさんつき、黄色くなってきた。

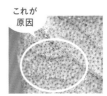
これが原因

葉の裏に多数の小さな虫が寄生している。

オオタバコガ ●果実に5〜10mmの円い穴があき、中に虫がいる

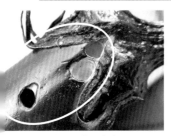
幼虫が果実を食害して、円い穴があいた。

葉の上にいるオオタバコガの幼虫。

これが原因

Data
- 発生時期 ― 6〜10月 （特に8〜10月に多い）
- 発生部位 ― 果実、茎葉、蕾
- 類別 ―― ガの仲間。食害性害虫

果実に5〜10mmの円い穴があきます。年3〜4回発生するガの仲間の幼虫が果実を食害し、穴から褐色の糞が出ます。小さいうちは新芽や花蕾を食べ、やがて果実や茎の中に入り、老齢幼虫は約4cmで摂食量も増えます。高温で乾燥する年に発生が多く、成虫は約1.5cmの灰黄褐色のガです。

発生しやすい野菜類

オクラ、カボチャ、キャベツ、キュウリ、サヤエンドウ、ジャガイモ、ピーマン、トウガラシ、トウモロコシ、トマト、ナス、レタスなど

薬剤を使う前に　果実に入る前の若い幼虫は葉の表皮や花蕾を食害します。食痕や微小な糞がついていないか観察し、幼虫を見つけたら捕殺します。被害果はすぐに切り取って中の幼虫を退治し、周りの果実も調べます。早期発見に努めます。

薬剤を使うなら　発生初期にベニカXネクストスプレーを散布するか若い幼虫が発生する梅雨入り前〜梅雨前半に、自然派薬剤のSTゼンターリ顆粒水和剤、スピノエース顆粒水和剤を植物全体に散布します。

半身萎凋病 (はんしんいちょうびょう) ● 葉や枝の半分だけがしおれて枯れる

Data

発生時期 ― 4～7月
発生部位 ― 葉
類別 ――― カビ（糸状菌）による伝染性の病気

葉や枝の半分だけが枯れ、昼間は葉がしおれて朝晩は回復し、やがて株全体がしおれて枯れます。カビ（糸状菌）が原因のナスの主要病害で、土の中の病原菌が根の傷口から入って導管組織を壊し、侵された側の維管束が褐色に変色。22～25℃の時期に発生しやすく、梅雨時や排水不良の土壌で発生が促されます。

発生しやすい野菜類

オクラ、トマト、ナスなど

薬剤を使う前に 耐病性品種を選んだり、耐病性台木を使った接ぎ木苗を利用して栽培します。連作を避けて輪作します。発病株は周囲に伝染しないよう、根を残さず周りの土とともに早めに抜き取って処分します。水分不足や肥料の与えすぎに注意します。

薬剤を使うなら 前年被害が出た畑では、定植前にバスアミド微粒剤（劇物、取り扱いに注意）を土壌混和し、消毒してから栽培します。定植後の生育期にはGFベンレート水和剤、ベンレート水和剤を土壌灌注して予防します。適用のある自然派薬剤はありません。

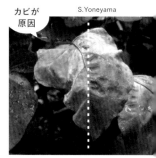
カビが原因　S.Yoneyama

葉の左半分が枯れてしまった。

ワタアブラムシ ● 葉の裏に約1mmで暗緑色の虫がたくさんつく

Data

発生時期 ― 5～11月
発生部位 ― 花、蕾、茎、新芽、葉
類別 ――― 群生する吸汁性害虫

約1mmの暗緑色の虫が葉裏につき、繁殖が旺盛で寄生部位の汁を吸い生育を阻害します。地域によっては薬剤抵抗性が発達し、従来の薬剤が効きにくいことがあります。排泄物にすす病を誘発して茎や葉が汚れたり、モザイク病を媒介。生息密度が高くなると翅（はね）のある個体が現れます。

発生しやすい野菜類

イチゴ、オクラ、キュウリ、サトイモ、ジャガイモ、シュンギク、スイカ、ナス、ミツバなど

葉裏に小さな暗緑色の虫が群生した。

これが原因
寄生して植物の汁を吸って害を与える。葉脈の周りにも群がる。

薬剤を使う前に 新芽や花をよく観察し、見つけ次第潰したりブラシなどで取り除きます。きらきらする光を嫌う習性を利用して、シルバーマルチを敷くと成虫の飛来を軽減できます。窒素肥料のやりすぎにも気をつけます。

薬剤を使うなら 生息密度が高くなると防除効果も低下するため発生初期にベニカベジフルスプレー、ベニカベジフルVスプレー、ベニカ水溶剤、ダントツ水溶剤、カダンプラスDXを散布します。自然派薬剤ならベニカナチュラルスプレー、ベニカマイルドスプレー、パイベニカVスプレー、アーリーセーフ、ピュアベニカ、エコピタ液剤を使用します。

ハスモンヨトウ（ヨトウムシ） ● 葉が葉表を残してかすり状になり、葉裏に幼虫がいる

Data

発生時期 ― 8～10月
発生部位 ― 葉
類別 ――― ガの仲間、食害性害虫

葉に小さな穴があいたり、葉表を残してかすり状になり、葉裏に幼虫がいます。ヨトウムシ（夜盗虫）とも呼ばれ、年5～6回発生。幼虫の前方部分に一対の黒い紋があるのが特徴。老齢幼虫は約4cmで褐色や黒褐色になり、夜活動します。空梅雨で梅雨明け後に高温乾燥の日が続くと発生が多くなります。

薬剤を使う前に 葉裏に群生する若齢幼虫や卵塊は葉ごと取り除きます。幼虫が成長して分散し、被害が進んでも発見しにくい場合は、株元の土の中や敷きわらや鉢の下などに隠れていないか確認し、見つけ次第捕殺します。防虫ネットで株を覆い、成虫の産卵を防止します。周辺の除草を徹底します。

薬剤を使うなら 発生初期にベニカXネクストスプレー、アファーム乳剤を、自然派薬剤ならベニカナチュラルスプレー、STゼンターリ顆粒水和剤、ゼンターリ顆粒水和剤を、葉裏や株元にもかかるよう植物全体に散布します。

発生しやすい野菜類

アスパラガス、イチゴ、エダマメ、カブ、キャベツ、サツマイモ、サヤインゲン、シソ、セルリー、ダイコン、トマト、ナス、ハクサイ、パセリ、ブロッコリー、ホウレンソウ、ミント類、ルッコラ、レタスなど

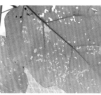
食害を受けて葉に小さな多数の穴があいた。

葉裏に寄生する幼虫。幼虫の前方部には一対の黒い紋がある。

これが原因

ミニトマト ■ナス科

マメハモグリバエ（エカキムシ） ●葉面に曲がりくねった白い線が描かれる

幼虫や蛹がいる

被害が進むと…

葉に曲がりくねった白い線が現れた。

筋の先端近くや線の中に、黒い点がある。

多発すると葉が線だらけになり、枯れて落葉する。

Data
発生時期 ── 5〜11月
発生部位 ── 葉
類別 ──── 葉の中に潜入する食害性害虫

葉面に曲がりくねった白い線が現れ、絵を描いたように葉が食害されます。通称エカキムシと呼ばれ、ミニトマトやトマトの主要害虫で発生頻度が高く、成虫は体長約2㎜の小さなハエです。葉の中に産卵し、孵化した幼虫が葉の中に潜ってトンネルを掘るように葉肉を食害。被害部分が半透明の白い筋になり、生育が阻害されます。ミニトマトやトマトでは下の葉から発生する傾向があります。被害が進むと葉全体が真っ白くなり、褐変して落葉し、株が枯死する場合もあります。

発生しやすい野菜類

サヤインゲン、シュンギク、セルリー、ナス、ニンジン、トマト、ミニトマトなどと、キュウリやメロンなどのウリ科野菜

薬剤を使う前に 成虫の飛来を防ぐため、タネまきや苗の植え付け時にシルバーマルチを敷きます。日頃から観察し、葉に白い線が現れたら、すぐに白線の先端部分にいる幼虫を指で押し潰すか、葉ごと切り取って処分します。**黄色粘着シート（NEWムシナックスイエロー）**を吊り下げて成虫を誘引捕獲します。

薬剤を使うなら 葉に白い線が現れはじめる発生初期に、**ベニカXファインスプレー、ベニカ水溶剤、ダントツ水溶剤**を、自然派薬剤なら**スピノエース顆粒水和剤**を、株全体に散布液が葉先からしたたり落ち始めるまで十分に散布します。

葉かび病 ●葉に輪郭がはっきりしない黄色の斑紋ができる

Data
発生時期 ── 6〜7月、9〜10月
発生部位 ── 葉
類別 ──── カビ（糸状菌）による伝染性の病気

葉の表面に輪郭がはっきりしない黄色の斑紋が多数できます。カビによる主要病害で、降雨が多く湿度が高い時期に多発します。胞子が風で周囲に飛散し、健全な葉の気孔から侵入して伝染します。発病した葉の裏は緑色が退色し、やがて紫がかった灰色のビロード状のカビが生えます。被害は下葉から現れて上方向に進展し、そのまま放置すると葉が枯れます。肥料不足で株が衰弱していたり、水はけ、日当たり、風通しが悪く多湿条件になると発生が促されます。

発生しやすい野菜類

トマト、ミニトマトなど

カビが原因

輪郭がはっきりしない黄色の斑紋がたくさんつく。

薬剤を使う前に 定植時は密植を避け、日当たりや風通しをよくします。被害茎葉や植物の残骸は早めに除去します。施肥管理を徹底して丈夫に育てます。肥料が不足して株が弱ると病気が広がりやすいので注意します。抵抗性品種を選ぶのもよいでしょう。

薬剤を使うなら 発生初期の斑紋がまだ小さいうちに、周囲の健全な株も含め、**ベニカベジフルVスプレー、スターガードプラSAL、STダコニール1000、GFベンレート水和剤、ベンレート水和剤**を、自然派薬剤なら、**家庭園芸用カリグリーン、ドイツボルドーA**や**カリグリーン**を、植物全体に丁寧に散布します。

＊下線がある薬剤は生産者向けとして農協（JA）などで入手できる（同類名称薬剤は、家庭園芸用と適用が異なる場合もある）。

ピーマン ■ナス科

ピーマンモザイク病　●葉に緑色の濃淡のあるモザイク状の斑が入り、委縮する

ウイルスが原因

緑色の濃淡ができた葉（写真はシシトウ）。

被害が進むと…

発病して果実が変形した。

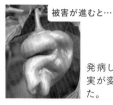

発病して萎縮した葉。まだら模様で縮れている。

モザイク病にかかっていない正常な株。

Data
- 発生時期 ── 3～6月（特にアブラムシの発生時期）
- 発生部位 ── 葉
- 類別 ──── ウイルスによる伝染性の病気

葉に緑色の濃淡のあるモザイク状の斑が入ったり、葉が萎縮します。ウイルスが原因で7種類のウイルスによって起こります。病気にかかった株にアブラムシが寄生して汁を吸い、ウイルスを媒介します。高温と乾燥でアブラムシが多発すると発生しやすく、発病した植物を扱ったハサミや手についた植物の汁液から伝染する場合もあります。発病すると治療はできないので、アブラムシの防除を徹底して感染を防ぎます。この病気はタネや土壌からは伝染しません。

モザイク病が発生しやすい野菜類

カブ、コマツナ、ダイコンなどのアブラナ科野菜、ジャガイモ、シュンギク、トマト、ピーマン、ホウレンソウなど

薬剤を使う前に
寒冷紗で株を覆ったり、光反射マルチを敷いてアブラムシの飛来を防ぎます。発病株は抜き取って処分し、取り扱いは管理作業の最後にします。窒素肥料を一度にやりすぎるとアブラムシの発生を促すので注意します。

薬剤を使うなら
モザイク病を治療する薬剤はありません。アブラムシの防除のため、発生初期に**ベニカ水溶剤**、**ベニカベジフルVスプレー**、**スターガードプラスAL**、**ダントツ水溶剤**を散布します。自然派薬剤ならベニカナチュラルスプレー、ベニカマイルドスプレー、アーリーセーフ、やさお酢、**エコピタ液剤**を、むらなく丁寧に散布します。定植や摘芽・誘引などの直前に、**家庭園芸用レンテミン液剤**を株全体に散布して感染を防止します。

すす病　●葉、茎、果実などが黒色のカビで覆われる

Data
- 発生時期 ── 4～11月
- 発生部位 ── 葉、茎、果実
- 類別 ──── カビ（糸状菌）による伝染性の病気

葉、茎、果実などが黒色のカビで覆われます。空気中のすす病菌がアブラムシ、コナジラミなど害虫の排泄物を栄養に増殖したもので、ピーマンではそのほとんどがアブラムシが原因です。風通しや日当たりが悪く、湿度が高いと発生しやすく、放置すると葉が厚いすす状の膜で覆われて光合成が抑えられます。多発すると果実も黒くなり、美観も著しく損ねます。黒いカビは主原因である害虫の発生サインと認識し、害虫の早期発見、早期防除に役立てましょう。

発生しやすい野菜類

オクラ、キュウリ、トマト、ピーマンなどの果菜類

カビが原因

葉にすす病が発生し、黒いカビでよごれた。

被害が進むと…

果実にもすす病が発生し、黒くなった。

葉の裏に群生したアブラムシが原因。

薬剤を使う前に
すす状のカビや光沢があるアブラムシの排泄物（甘露）を見つけたら、それらの上にある葉や茎に害虫がいないかよく確認し、アブラムシを捕殺するか寄生した葉を茎ごと剪定除去します。日頃からよく観察して早めに対処します。

薬剤を使うなら
ピーマンのすす病に適用のある薬剤はありません。原因害虫のアブラムシには、発生初期に**ベニカベジフルVスプレー**、**ベニカ水溶剤**、**ダントツ水溶剤**を、自然派薬剤ならベニカナチュラルスプレー、ベニカマイルドスプレー、アーリーセーフ、やさお酢、**エコピタ液剤**を、葉裏にも十分かかるように丁寧に散布します。

　＊下線がある薬剤は生産者向けとして農協（JA）などで入手できる（同類名称薬剤は、家庭園芸用と適用が異なる場合もある）。

チャバネアオカメムシ ●果実や葉に約10mmの茶色と緑の虫がいる

Data

発生時期 ── 4～10月
発生部位 ── 果実
類別 ──── 吸汁性害虫

果実や葉に体長約10mmの茶色と緑の虫がいます。ピーマンの主要害虫で、針のような口針を果実に突き刺して吸汁し、害を与えます。被害を受けた部分はわずかに陥没し、果肉はスポンジ状になります。成虫を触ると臭いにおいを出します。7～8月は発生が多く、果樹園のカキやナシの果実も吸汁します。成虫はスギやヒノキなどに産卵し、孵化した幼虫がその樹木で育ち、成虫だけが野菜や果樹を吸汁します。成虫は落ち葉の中などで越冬します。

発生しやすい野菜類

イチゴ、エダマメ、サヤインゲン、トマト、ナス、ピーマンなど

これが原因

葉の上にいる成虫。手で触れると悪臭を出す。

🌱 **薬剤を使う前に**　畑の周辺にスギやヒノキ、果樹などがあると飛来する可能性があるので注意。日頃から植物をよく確認し、成虫を見つけ次第、捕殺します。越冬場所になる落ち葉を忘れずに除去します。

🧴 **薬剤を使うなら**　発生初期にベニカAスプレー、ベニカ水溶剤、アディオン乳剤を植物全体に散布します。適用のある自然派薬剤はありません。

オオタバコガ ●果実に5～10mmの円い穴があき、中に虫がいる

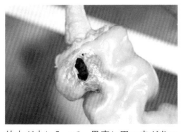

幼虫が中に入って、果実に円い穴があいた（写真はシシトウ）。

これが原因

果実を食害する茶褐色の幼虫（写真はトウモロコシ）。

被害が進むと…

被害を受けた実を割くと、中に褐色の糞がある。

Data

発生時期 ── 6～10月
発生部位 ── 果実、茎葉、蕾
類別 ──── ガの仲間。食害性害虫

果実に5～10mmの円い穴があきます。年3～4回発生するガの幼虫が果実を食害し、穴から褐色の糞が出ます。幼虫は緑色から茶褐色で、新芽や花蕾を食べますが、やがて果実や茎の中に入ります。成熟した幼虫は約4cmになって摂食量も増え、次々と果実を食害します。高温で乾燥する年に発生が多く、秋に土の中で蛹になって冬を越し、翌年6月に羽化します。成虫は約1.5cmの灰黄褐色のがで、葉裏や新芽などに産卵し、孵化した幼虫が再び加害します。

発生しやすい野菜類

オクラ、カボチャ、キュウリ、サヤエンドウ、ジャガイモ、トウガラシ、トウモロコシ、トマト、ナス、ピーマンなど

🌱 **薬剤を使う前に**　花や新芽、葉に食痕や微小な糞がないか観察し、幼虫を見つけたら捕殺します。被害を受けた果実は切り取って中にいる幼虫を退治し、あわせて周りの果実も確認します。早期発見に努めます。

🧴 **薬剤を使うなら**　若い幼虫が発生する梅雨入り前～梅雨前半までにベニカAスプレー、ベニカS乳剤、プレオフロアブルを、自然派薬剤ならSTゼンターリ顆粒水和剤、ゼンターリ顆粒水和剤を、植物全体に数回散布します。

ニガウリ（ゴーヤー） ■ウリ科

炭疽病 （たんそびょう）　●葉に円形で黄褐色の病斑ができ、やがて穴があく

発病して円形の病斑が現れた葉。

カビが原因

黄褐色で円い病斑ができた（写真はキュウリ）。

放っておくと…

被害が進行して、葉が褐色になって枯れてきた（写真はキュウリ）。

Data
発生時期 — 6〜9月
発生部位 — 葉、茎、果実
類別 — カビ（糸状菌）による伝染性の病気

葉に円形で黄褐色の病斑ができ、葉が古くなると穴があきます。カビ（糸状菌）が原因でウリ科野菜が被害を受け、果実には褐色でへこんだ病斑ができます。気温が22〜24℃で降雨が続き、湿度が高くて風通しが悪いと発病しやすく、被害が大きいと葉が枯れて収量が減ります。排水が悪い畑では発病が促されます。病斑にできた胞子が、雨のはね返りで飛び散り、周囲に伝染します。病原菌は発病した落ち葉や支柱の巻きひげで越冬し、翌春の伝染源になります。

薬剤を使う前に　排水のよい畑で栽培します。密植を避けて、風通しをよくします。被害部分や落ち葉は早めに処分します。窒素肥料を一度にやりすぎたり、茎葉が茂りすぎたりすると発生が促されるので注意します。収穫終了時に支柱についた枯れ葉や巻きひげを取り除きます。

薬剤を使うなら　発生初期にSTダコニール1000、STダコニール1000を植物全体にむらなく散布します。適用のある自然派薬品はありません。

発生しやすい野菜類
シロウリ、スイカ、トウガン、ニガウリ、マクワウリ、メロン、ユウガオなどのウリ科野菜

うどんこ病　●葉に小麦粉をまぶしたような白いカビが生える

Data
発生時期 — 5〜11月
発生部位 — 葉
類別 — カビ（糸状菌）による伝染性の病気

葉に小麦粉をまぶしたような白いカビが生えます。カビ（糸状菌）が原因で発生し、病気が進行すると葉全体が白く覆われ、後に被害部分は黄色く変色します。多く発生すると光合成が阻害され、生育が悪くなり、植物全体が衰弱します。雨が少なく曇りの日が続き、乾燥ぎみで昼と夜の温度差が大きいと発生します。また、窒素肥料の与えすぎで葉が茂りすぎたり、密植した場合や日当たり、風通しが悪いベランダや日陰の栽培は発生が促されます。

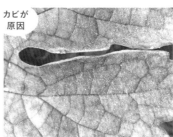

カビが原因

被害が進んで、白いカビがはっきりしてきた。

Hiroi

葉の全面に広がった白いカビ。

発生しやすい野菜類
イチゴ、オクラ、カボチャ、キュウリ、ニガウリ、サヤインゲン、サヤエンドウ、ナス、ニンジン、パセリ、ピーマン、ミント類、メロンなど

薬剤を使う前に　十分に間隔をとって植え付け、過繁茂した茎葉を取り除き、風通し、日当たりをよくします。被害を受けた葉、作物の残渣は早めに取り除いて伝染源を断ちます。窒素肥料を一度にやりすぎると発生が促されるので注意します。

薬剤を使うなら　発生初期の白色のカビがうっすらと現れたときに、STダコニール1000、STダコニール1000、兼商モレスタン水和剤を散布します。自然派薬剤ならベニカナチュラルスプレー、ベニカマイルドスプレー、アーリーセーフ、カダンセーフ、やさお酢、エコピタ液剤を植物全体にむらなく丁寧に散布します。

＊下線がある薬剤は生産者向けとして農協（JA）などで入手できる（同類名称薬剤は、家庭園芸用と適用が異なる場合もある）。

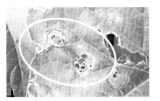

メロン ■ウリ科

ウリハムシ ●葉に円い穴があき、オレンジ色の甲虫がいる

これが原因

リング状に食害された葉。

葉を食害しているウリハムシの成虫。

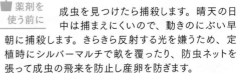

被害が進むと…

多くの穴があいて、葉がぼろぼろになった。

Data

発生時期 —— 5〜8月
発生部位 —— 葉（成虫）、根（幼虫）
類別 ——— 甲虫の仲間。食害性害虫

葉に円い穴があいて、葉の上に光沢のあるオレンジ色の甲虫がいます。年1回発生するウリ科野菜の主要害虫で、約8mmの成虫が葉をリング状に食害して穴をあけます。幼苗が被害にあうと、全ての葉が食べつくされ株が枯死します。成虫は天気がいい日に株の周りを飛び回り、葉を食害する一方で株元に卵を産み、孵化した黄白色のウジムシ状の幼虫が根を食害します。幼虫の食害が多いと、梅雨明けから葉がしおれるようになり、徐々に衰弱して枯れます。

発生しやすい野菜類

カボチャ、キュウリ、スイカ、メロンなどのウリ科野菜

薬剤を使う前に 成虫を見つけたら捕殺します。晴天の日中は捕まえにくいので、動きのにぶい早朝に捕殺します。きらきら反射する光を嫌うため、定植時にシルバーマルチで畝を覆ったり、防虫ネットを張って成虫の飛来を防止し産卵を防ぎます。

薬剤を使うなら 成虫の発生初期に**ベニカ水溶剤**、**ダントツ水溶剤**を植物全体に散布します。幼虫対策には、定植時に**家庭園芸用サンケイダイアジノン粒剤3**、**サンケイダイアジノン粒剤3**を土に混ぜ込んでから植え付けます。

炭疽病 （たんそびょう） ●葉に円形で黄褐色の病斑ができ、やがて破れる

Data

発生時期 —— 6〜9月
発生部位 —— 葉、茎、果実
類別 ——— カビ（糸状菌）による伝染性の病気

葉に円形で黄褐色の病斑ができ、葉が古くなって乾燥すると破れます。カビ（糸状菌）が原因の主要病害でウリ科野菜が被害を受け、果実では水浸状の小斑点がつき、円形に拡大してくぼみます。気温が22〜24℃で降雨が続き、湿度が高く風通しが悪いと発病しやすく、排水が悪い畑では発病が促されます。病斑にできたカビの胞子が雨の跳ね返りで飛び散り、周囲に伝染します。病原菌は落ち葉や支柱についた巻きひげで越冬し、翌春の伝染源になります。

発生しやすい野菜類

キュウリ、スイカ、メロンなどのウリ科野菜

カビが原因

発病して、葉に円形の病斑が現れた。

被害が進むと…

周囲の葉にも病斑が広がってきた。

薬剤を使う前に 排水のよい畑で密植を避け、風通しをよくして、被害部分や落ち葉は早めに処分します。窒素肥料をやりすぎると発生しやすいため、過剰溶出の心配がない**マイガーデンベジフル**を利用します。収穫後、支柱の枯れ葉や巻きひげを取り除きます。

薬剤を使うなら 発生初期に**サンケイオーソサイド水和剤80**、**オーソサイド水和剤80**を、葉裏にもかかるように株全体にむらなく丁寧に散布します。適用のある自然派薬剤はありません

51

ラッカセイ ■マメ科

マメヒメサヤムシガ ●葉や新芽がつづられて丸まり、中に虫がいる

葉が丸められた

これが原因

葉が糸でつづられて丸くなっている。

つづられた葉を開くと、中に幼虫がいる。

幼虫は口から糸を出して葉をつづる。

Data
発生時期 ― 5〜7月
発生部位 ― 葉、さや、子実
類別 ――― ハマキムシの仲間、食害性害虫

ハマキムシの仲間の食害性害虫で、約15mmの幼虫が新芽や芯の部分の葉を糸でつづりあわせ、その中に潜んで葉を食べます。被害部分は茶色く変色して枯れ、生育が止まります。幼虫はさやがつくとその中に侵入して子実を食べ、被害を受けたさやは黒色に変色します。年間3〜4回発生し、成虫のガが新芽やさやの近くに産んだ卵が孵化し、現れる幼虫が害を及ぼします。冬は成虫で越冬し、翌年に再び被害をもたらします。

 薬剤を使う前に
つづられた葉を見つけたら、葉を指ではさんで幼虫を押し潰して退治します。株を防虫ネットで覆って成虫の産卵を防ぎます。枯れた株や収穫後の植物の残骸は、すみやかに処分します。

薬剤を使うなら
発生初期に**家庭園芸用スミチオン乳剤**、<u>住化スミチオン乳剤</u>を被害部分によくかかるように植物全体に散布します。適用のある自然派薬剤はありません。

発生しやすい野菜類
アズキ、エダマメ、ソラマメ、ラッカセイなどのマメ科野菜。

莢褐斑病 (さやかっぱんびょう) ●さやの表面に小さな褐色の斑点ができる

Data
発生時期 ― 6月下旬〜10月
発生部位 ― さや、子実
類別 ――― カビ(糸状菌)が原因の伝染性病害

土壌病原菌のカビ(糸状菌)が原因で、ラッカセイのさやに被害を及ぼす伝染性の病気です。発生初期は、さやの表面に小さな褐色の斑点が現れるのが特徴で、そのまま放置すると大きな不整形の褐色斑点になり、さやの内側や種皮も褐色になります。この病気は地上部の葉や茎、根にはまったく病変がないため、さやが発病していないか、日頃から注意深く確認する必要があります。病原菌は菌糸と菌核の状態で土の中に生息し、土壌を通して伝染します。

発生しやすい野菜類
ラッカセイのみに発生します。

S.Yoneyama

カビが原因

褐色の斑点がついたさや(右)と種皮(左)。

 薬剤を使う前に
病原菌は土壌伝染するため、連作を避けて排水のよい土壌で栽培します。

 薬剤を使うなら
ラッカセイの莢褐斑病に適用のある薬剤はありません。

＊下線がある薬剤は生産者向けとして農協(JA)などで入手できる(同類名称薬剤は、家庭園芸用と適用が異なる場合もある)。

3章

葉菜類・ハーブの
病害虫と防除

コマツナやチンゲンサイなどの
作りやすい葉ものやハーブ、
中級者向きのキャベツやハクサイ、ネギなど、
身近で親しみのある葉菜類。
作付けする季節によっても、
かかりやすい病害虫があります。
野菜ごとにかかりやすい病害虫をまとめて表示し、
防除方法も詳しく紹介します。

キャベツ ■アブラナ科

アオムシ（モンシロチョウ） ●葉に穴があき、緑色で細かい毛のある虫がいる

これが原因

食害されて葉に穴があいてしまった。

葉の上にいる幼虫。

葉裏に1個ずつ産みつけられた卵。

葉の上の糞。近くに幼虫がいるサイン。

放っておくと…

被害が進み、葉脈を残して激しく食害された株。

Data
発生時期 —— 4〜6月、9〜11月（寒冷地では夏に多く発生する）
発生部位 —— 葉
類別 ———— チョウの仲間。食害性害虫

葉に穴があき、緑色で細かい毛のある虫がいます。モンシロチョウの幼虫で、主にアブラナ科の野菜に寄生。木の幹や家の壁で越冬した蛹が3月に羽化し、現れたチョウが葉裏に1個ずつ徳利形の卵を産み、孵化後の幼虫が葉を食害します。幼虫は成長すると約3cmになり、放置すると葉脈を残して株が丸裸になります。関東以西では5〜6月の被害が甚大で、盛夏期は減少し、9月頃から再び被害が多くなります。寒冷地では夏に多く発生します。

発生しやすい野菜類

カブ、カリフラワー、キャベツ、コマツナ、ダイコン、チンゲンサイ、ハクサイ、ブロッコリー、ルッコラなど

🎁 薬剤を使う前に
モンシロチョウが飛んでいれば産卵して発生する可能性があります。日頃から葉の表裏をよく確認して、卵や幼虫を見つけ次第、捕殺します。寒冷紗で株を覆って成虫の産卵を防ぎます。

⚙ 薬剤を使うなら
定植時の植え穴にベニカXガード粒剤を処理します。発生初期にベニカAスプレーやカダンプラスDX、ベニカXネクストスプレー、アディオン乳剤を、葉裏にも丁寧に散布します。自然派薬剤は、パイベニカVスプレー、ベニカナチュラルスプレー、ロハピ、STゼンターリ顆粒水和剤、ゼンターリ顆粒水和剤を散布します。

＊葉の上に幼虫が見つからない場合は、ヨウトガ（ヨトウムシ）を参照。

アブラムシ類 ●葉裏や新芽に約2mmの小さな虫が群生する

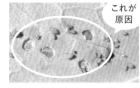
これが原因

発生初期で葉の上に寄生した状態。

葉裏に寄生したアブラムシ。

被害が進んで株全体に群生した。

Data
発生時期 —— 4〜11月
発生部位 —— 葉
類別 ———— 群生する吸汁性害虫

葉裏や新芽に約2mmの小さな虫がつきます。野菜に寄生して植物の汁を吸い、発生が多いと新芽や葉の成長が阻害されます。また、排泄物にすす病が発生して葉が黒くなったり、モザイク病のウイルスを媒介する厄介な害虫です。繁殖が旺盛で、生息密度が高まると翅がある虫が現れ、周囲に被害を広げます。発生場所の近くに白いゴミのような脱皮殻がつくので、発生サインとして役立てます。夏期は生息数が減り、暖冬で雨が少ない年は発生が多くなります。

発生しやすい野菜類

カブ、キャベツ、キュウリ、コマツナ、ダイコン、チンゲンサイ、トマト、ナス、ハクサイ、ブロッコリーなど

🎁 薬剤を使う前に
見つけ次第潰して退治します。きらきらする光を嫌う習性を利用して、定植時にシルバーマルチを敷いたり、寒冷紗で株を覆って虫の飛来を防ぎます。窒素肥料のやりすぎは発生を促すので注意。風通しをよくし、周辺の除草を徹底します。

⚙ 薬剤を使うなら
発生初期にベニカ水溶剤、家庭園芸用GFオルトラン水和剤、ダントツ水溶剤、ジェイエース水溶剤、スターガードプラスALを、自然派薬剤ならベニカナチュラルスプレー、ベニカマイルドスプレー、アーリーセーフ、パイベニカVスプレー、やさお酢、エコピタ液剤を丁寧に散布します。または、定植時にベニカXガード粒剤、家庭園芸用GFオルトラン粒剤、ジェイエース粒剤を植え穴に散布して植え付けます。

＊下線がある薬剤は生産者向けとして農協（JA）などで入手できる（同類名称薬剤は、家庭園芸用と適用が異なる場合もある）。

菌核病 （きんかくびょう） ●葉に水がしみたような淡褐色の病斑が現れ、しおれて腐る

Data
発生時期 — 3〜5月、11〜12月
発生部位 — 葉
類別 ——— カビ（糸状菌）による伝染性の病気

結球後に、下方の葉に水がしみたような淡褐色の病斑が現れ、しおれて腐りはじめ、放置すると結球全体が灰白色になって腐ります。カビ（糸状菌）が原因で、土壌中の病原菌が健全な株の葉や茎の傷口や衰弱した下葉などから侵入して発病。末期にはネズミの糞状で黒色の塊が見られます。

発生しやすい野菜類
キャベツ、キュウリ、コマツナ、サヤインゲン、スイカ、ソラマメ、チンゲンサイ、ナス、ハクサイ、ブロッコリー、ミズナ、レタスなど

薬剤を使う前に 発病すると治療はできないので、ほかの株に伝染しないよう、発病した株は見つけ次第、周りの土とともに取り除きます。被害を受けやすい作物の連作を避けます。収穫後は作物の残渣を残さないよう清掃に努めます。

薬剤を使うなら タネまき前や定植前に石原フロンサイド粉剤、フロンサイド粉剤を土壌に混和するか、発病初期にベニカXネクストスプレー、GFベンレート水和剤、アミスター20フロアブルを地際にも十分かかるように丁寧に散布します。

結球部の葉が変色し腐りはじめた。
カビが原因
Kataoka

ナメクジ類 ●葉に穴があいて、光沢のある筋が残る

Data
発生時期 — 4〜6月、9〜11月
発生部位 — 葉
類別 ——— 食害性害虫

葉に穴があいて不規則に食べられ、光沢ある筋が残り、梅雨時や秋雨期に多発します。夜行性で昼は株元の落ち葉等の下、鉢底などに潜みます。チャコウラナメクジの場合、秋から春に白色で半透明の卵を土の中に産み、3〜4月に孵化。寒さには強く、高温乾燥の夏期は休眠します。

発生しやすい野菜類
キャベツ、ダイコン、ハクサイなどアブラナ科野菜、イチゴ、セルリー、ナス、ニンジン、パセリなど

薬剤を使う前に 昼は株元などをよく確認して見つけ、夜8時以降に出没したナメクジをつかまえて退治します。住みかになる株元の落ち葉を処分します。風通しをよくして過度の水やりを避け、過湿に注意します。

薬剤を使うなら 株元の土の上に夕方、ナメナイト、ナメクリーン3をばらまいて退治します。ナメナイトは特殊な造粒方法によって雨に強く、水に濡れても1週間程度は効果が低下しません。自然派薬剤はスラゴを散布します。

これが原因
葉の上を這って食害しているナメクジ。

土の中に産みつけられたナメクジの卵塊。

ヨトウガ （ヨトウムシ） ●葉が半透明のかすり状になり、葉裏に虫がいる

半透明な食害痕
葉表を半透明に残してかすり状になった葉。
葉裏を食害する若い幼虫。成長すると褐色で夜行性になる。
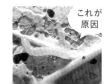
これが原因

Data
発生時期 — 4〜6月、9〜11月
発生部位 — 葉
類別 ——— ガの仲間。食害性害虫

葉が葉表を残してかすり状になり、葉裏に幼虫が群生します。通称ヨトウムシ（夜盗虫）とも呼ばれる野菜の主要害虫で、年2回発生。秋冬野菜ではキャベツ、カブなどアブラナ科野菜を食害します。幼虫は成長すると分散して旺盛に食害し、体長は大きいと約4cmにもなり、夜に活動します。

発生しやすい野菜類
イチゴ、カブ、キャベツ、キュウリ、ジャガイモ、ダイコン、トマト、ナス、ハクサイ、ブロッコリー、ホウレンソウ、レタスなど

薬剤を使う前に かすり状になった葉裏に群生する幼虫や卵塊を見つけたら葉ごと取り除きます。幼虫が成長して分散したら株元の土の中や落ち葉の下などを探し、見つけ次第捕殺します。寒冷紗で株を覆って成虫の産卵を防ぎます。

薬剤を使うなら 発生初期にベニカAスプレー、ベニカS乳剤、家庭園芸用GFオルトラン水和剤、ジェイエース水溶剤、アディオン乳剤を、自然派薬剤ならSTゼンターリ顆粒水和剤、ゼンターリ顆粒水和剤を、葉裏や株元にもかかるように散布します。または、定植時に家庭園芸用GFオルトラン粒剤、ジェイエース粒剤を植え穴に散布して植えつけます。

コマツナ ■アブラナ科

白さび病 (しろさびびょう) ●葉の裏に白色で隆起した斑点ができる

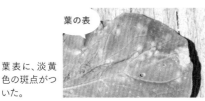

葉の表

葉表に、淡黄色の斑点がついた。

葉の裏

葉の裏を見ると、乳白色の斑点がついている。

カビが原因

葉の裏にできた、特徴的でやや隆起した斑点。

Data

発生時期 ── 3〜6月、10〜11月
発生部位 ── 葉
類別 ──── カビ（糸状菌）による伝染性の病気

葉表に淡黄色の不鮮明な斑点が現れて、葉の裏には乳白色でやや隆起した斑点ができます。カビ（糸状菌）が原因のコマツナの主要病害で、アブラナ科野菜が発病。病気が進むと葉全体が斑点で覆われ、黄色く変色して枯死します。葉裏の斑点は破れて、白色で粉状の胞子が周囲に飛散して伝染します。雨が続いて湿度が高いときや密植によって風通しが悪いと発生が増えます。初期の葉表に現れる淡黄色の斑点はぼんやりしていますが、葉裏の白い斑点は誰でも容易に確認できるので、葉裏を確認して見逃さないようにしましょう。

発生しやすい野菜類

カブ、コマツナ、ダイコン、チンゲンサイ、ハクサイなどのアブラナ科野菜

薬剤を使う前に 発病した葉や落ち葉は早めに取り除いて伝染源をなくし、ほかの株にうつらないようにします。密植を避けて株間を確保し、風通しをよくします。毎年発生する畑ではアブラナ科野菜の連作を避け、アブラナ科以外の野菜と輪作しましょう。

薬剤を使うなら 発生が進むと防除効果が低下するので、発生初期に<u>ランマンフロアブル</u>を植物全体にむらなく丁寧に散布します。適用のある自然派薬剤はありません。

ニホンカブラハバチ ●葉の上や茎に黒くてしわがあるイモムシがいる

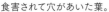

食害されて穴があいた葉。

これが原因

葉を食害する幼虫。

葉の上にいる成虫。

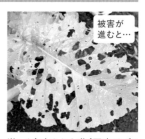

被害が進むと…

激しく食害された葉（写真はダイコン）。

Data

発生時期 ── 5〜6月、10〜11月
発生部位 ── 葉
類別 ──── ハチの仲間、食害性害虫

葉の上や茎に黒色で体の表面にしわがあるイモムシがいます。5〜6月と10〜11月の年2回発生するハチの仲間の幼虫で、主にアブラナ科の野菜の葉を食害します。アブラナ科野菜を食害する緑色のアオムシとともに家庭菜園で発生が多い害虫です。幼虫は成長すると1.5〜2cmになり、葉が激しく食べられて丸裸になることもあります。風通しが悪い場所で軟弱に育った株ほど食害されやすい傾向があります。なお、カブラハバチはハチの仲間ですが、成虫は人を刺しません。

発生しやすい野菜類

カブ、クレソン、コマツナ、ダイコンなど

薬剤を使う前に 通風しをよくして、日頃の栽培管理を徹底し、株を丈夫に育てます。日頃から植物をよく観察し、葉の上の幼虫を見つけ次第捕殺します。食害性害虫なので発見が早ければ早いほど被害を最小限に抑えられます。幼虫は葉を揺らすと容易に地面に落ちるため取り逃がさないように注意します。タネまき後に防虫ネットで株全体を覆って成虫の産卵を防ぎます。その際、防虫ネットと土の間に隙間ができないようにします。

薬剤を使うなら コマツナのニホンカブラハバチに適用のある薬剤はありません。

＊下線がある薬剤は生産者向けとして農協（JA）などで入手できる（同類名称薬剤は、家庭園芸用と適用が異なる場合もある）。

苗立枯病 (なえたちがれびょう)　●発芽直後の苗が倒れる

Data
発生時期 ── 3〜11月
発生部位 ── 葉、茎、根
類別 ──── カビ(糸状菌)による伝染性の病気

発芽直後の苗や、本葉が2〜3枚までの幼苗の茎の地際から下が褐変し、細くくびれて腐敗して倒れます。根は水がしみたように褐色になります。土の中の病原菌(生育適温は30℃)が原因で、水はけが悪い土壌で起きやすく、夏に雨が多くて湿度が高い年に多発します。

発生しやすい野菜類

オクラ、キャベツ、キュウリ、コマツナ、タマネギ、トマト、ナス、ネギ、ピーマンなど

カビが原因
地際の茎が侵されて、苗が倒れてしまった。

薬剤を使う前に 用土の水はけをよくし、畝を立てて育てます。連作を避け、発病しやすいほかの野菜のタネまきや植え付けも避けます。密植だと発生しやすいので適宜間引きを行います。水のやりすぎに注意します。

薬剤を使うなら タネまき前のタネに、**サンケイオーソサイド水和剤80、オーソサイド水和剤80**をまぶしてからまきます。

キスジノミハムシ　●生育初期の葉に小さな穴が多数あく

Data
発生時期 ── 4〜10月
発生部位 ── 葉(成虫)、根(幼虫)
類別 ──── 甲虫の仲間。食害性害虫

生育初期の葉に小さな穴が多数あきます。アブラナ科の野菜や雑草に寄生する甲虫の仲間で、体色が黒色で背中に黄色い帯状の斑紋がある、約3mmの成虫が葉を食害します。年3〜5回、本葉が出はじめる頃に発生し、連作や高温で雨が少ないと増えます。幼虫は根の表面を食害します。

発生しやすい野菜類

カブ、コマツナ、シロナ、ダイコン、チンゲンサイ、ナバナ、ルッコラなどのアブラナ科野菜

薬剤を使う前に アブラナ科野菜の連作を避け、生息場所になる周辺の雑草を取り除きます。タネまきの後は不織布や寒冷紗で畝を覆い、成虫の飛来を防ぎます。なお、これらの資材で覆う場合は、土との間に隙間ができないように十分注意します。

薬剤を使うなら 発生初期に**スタークル顆粒水溶剤**を散布します。適用のある自然派薬品はありません。

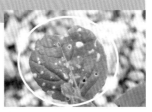
被害を受けて多くの小さな斑点がついた葉。

これが原因
葉に寄生したキスジノミハムシ成虫。

アオムシ(モンシロチョウ)　●葉に穴があき、緑色で細かい毛のある虫がいる

食害されて、葉に穴があいた。葉の上にいる幼虫。卵は、葉裏に1個ずつ産みつけられる(写真はキャベツ)。

これが原因

Data
発生時期 ── 4〜6月、9〜11月(寒冷地では夏に多く発生する)
発生部位 ── 葉
類別 ──── チョウの仲間。食害性害虫

葉に穴があき緑色で細かい毛のある虫がいます。モンシロチョウの幼虫で主にアブラナ科野菜に寄生。3月に羽化し、現れたチョウが葉裏に1個ずつ徳利形の卵を産み、孵化後の幼虫が葉を食害します。幼虫は約3cmになり、関東以西は5〜6月と9月の被害が目立ち、寒冷地では夏に多発します。

発生しやすい野菜類

カブ、カリフラワー、キャベツ、コマツナ、ダイコン、チンゲンサイ、ハクサイ、ブロッコリー、ルッコラなど

薬剤を使う前に モンシロチョウが飛んでいれば産卵して発生する可能性があります。日頃から葉の表裏をよく確認して、卵や幼虫を見つけ次第、捕殺します。寒冷紗で株を覆って成虫の産卵を防ぎます。

薬剤を使うなら 発生初期に**カスケード乳剤**を、自然派薬剤なら発生初期に**ベニカナチュラルスプレー、パイベニカVスプレー、STゼンターリ顆粒水和剤、ゼンターリ顆粒水和剤**を散布します。孵化後の幼虫は葉裏に寄生するので、葉裏までたっぷり散布します。

シソ ■シソ科

ベニフキノメイガ ●葉や茎が糸でつづられて、葉が食べられる

これが原因

葉の上にいるベニフキノメイガの幼虫。

白い糸の巣

糸でつづられた巣の中に隠れている幼虫（写真はバジル）。

糸でつづられて激しく食害された葉。

Data
発生時期 ── 5〜10月
発生部位 ── 葉、茎
類別 ─────── ガの仲間。食害性害虫

発生のサイン

葉の上の糞は発生サインとして見逃さない（写真はバジル）。

葉や茎が糸でつづられて葉が食べられ、被害部分が周囲と比べて茶褐色に見えます。ガの仲間の食害性害虫で、5〜10月にかけて被害が目立ちます。1年に3回発生し、シソ、バジルなどシソ科の植物の葉や茎を糸でつづって巣を作り、巣を開くと、体の側面に帯状で赤紫色の線があり、黄緑色で約15mmのイモムシがいます。周囲には小さく黒い糞がつきます。特に晩夏の8〜9月の発生が目立ち、放っておくと株全体に被害が及びます。本州から四国、九州に生息します。

薬剤を使う前に
日頃から、つづられた葉や食害された葉がないかよく観察し、見つけ次第巣ごと潰したり、幼虫を箸でつまむなどして捕殺します。幼虫は動きがすばやいので取り逃さないように注意します。

薬剤を使うなら
シソのベニフキノメイガに適用のある薬剤はありません。

発生しやすい野菜類

エゴマ、シソ、バジル、ミントなど

カブラヤガ（ネキリムシ類） ●植えて間もない苗が、株元で折れて倒れる

株の根元をかじられて茎が切断されてしまった。

被害を受けた株の周りの土を掘って幼虫を探す。

幼虫

被害株の根元の土の中から出てきた幼虫。

これが原因

幼虫は、警戒するとき、体を丸くして動かない。

薬剤を使う前に
苗が倒れたり葉が切られていたら、株の周りの土を浅く掘り、幼虫を探し出して捕殺します。幼虫がトンネルを掘ったような痕を残すこともあるので、株周辺の変化にも注意。成虫の産卵場所になる周辺の雑草を取り除きます。

Data
発生時期 ── 4〜6月、8〜11月
発生部位 ── 地際の茎
類別 ─────── ガの仲間。食害性害虫

植えて間もない苗が株元で折れて倒れたり、切断されます。原因は通称ネキリムシと呼ばれるガの仲間の幼虫で、年2回発生します。「ネキリ」という名前から根を切ると誤解されますが、地際の茎や葉の付け根をかじって食害します。成長した幼虫は、昼間は土の中に隠れて見つけにくく、夜間に出没して発芽後や生育初期の軟らかい幼苗を食害し、1匹の幼虫が複数の苗を次々に食害するので、生息数が少なくても大きな被害を受けます。幼虫は成熟して土の中で蛹になります。

薬剤を使うなら
定植後や生育初期に**ネキリベイト**、<u>ガードベイトA</u>を、株元の土の上にばらまきます。薬剤にはネキリムシが好む餌に有効成分を含浸させているので、発生前の夕方にまくと一晩で幼虫を退治できます。自然派薬剤はありません。

発生しやすい野菜類

エダマメ、エンドウ、カブ、キャベツ、キュウリ、シソ、ダイコン、トマト、ナス、ネギ、ハクサイ、ピーマン、レタスなど

＊下線がある薬剤は生産者向けとして農協（JA）などで入手できる（同類名称薬剤は、家庭園芸用と適用が異なる場合もある）。

カンザワハダニ ●葉に小さな斑点がたくさんつく

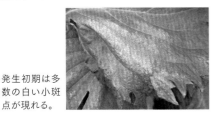

発生初期は多数の白い小斑点が現れる。

葉裏に寄生した成虫。

↑ハダニの顕微鏡写真。

放っておくと…

被害を受けてかすり状になった葉。

Data
発生時期 —— 5〜10月
発生部位 —— 葉
類別 ———— クモの仲間。吸汁性害虫

葉に白く小さな斑点がついて、被害が進むと全体が白くかすり状になります。葉裏には約0.5mmの暗赤色の小さな虫が寄生し、植物の汁を吸って生育を妨げます。クモの仲間の害虫で高温乾燥を好み、特に梅雨明け以降、秋の収穫終了まで被害が目立ちます。繁殖が旺盛で、発生が多いとクモの巣状の網を張って群生することもあります。野菜や草花をはじめ、果樹、庭木など広範囲の植物に寄生します。

発生しやすい野菜類

イチゴ、エダマメ、オクラ、サヤインゲン、シソ、スイカ、トウモロコシ、トマト、ナス、ピーマン、ホウレンソウなど

薬剤を使う前に 湿気が苦手なので、ときどき葉裏に葉水をかけて発生を軽減します。株元に敷きわらなどでマルチングし、適度な水やりを心がけて過乾燥にならないように気をつけます。雨のかからないベランダでは発生しやすいので特に注意します。

薬剤を使うなら 発生初期に、**兼商モレスタン水和剤、ダニ太郎、マイトコーネフロアブル**を、葉裏を中心に丁寧に散布します。自然派薬剤では、ベニカナチュラルスプレー、ベニカマイルドスプレー、アーリーセーフ、カダンセーフ、やさお酢、エコピタ液剤を5〜7日間隔で散布します。

オンブバッタ ●葉に傷がついたり、不規則な円い穴があく

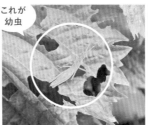

食害されて、葉に多数の穴があいた。

これが幼虫

葉に寄生した若い幼虫。

これが成虫

成虫になると翅が腹部を覆う。

Data
発生時期 —— 6〜10月
発生部位 —— 葉
類別 ———— 食害性害虫

葉に傷がついたり、円い穴があきます。年1回発生し、野菜、草花、雑草まで幅広く食害します。雌成虫が前年秋に土の中に産卵した卵は、越冬して翌年6月頃に孵化して、約1cmの幼虫が群生して葉を食害します。初期の幼虫は葉に傷をつける程度で被害はわずかですが、成長するにつれて食害量も多くなり、約5cmの成虫になると被害も増え、発生が多いと株が丸裸になることもあります。おんぶの様子は親子ではなく、大きい雌と小さい雄です。

薬剤を使う前に 日頃から植物をよく観察し、成虫や幼虫を見つけ次第捕殺します。葉に穴があいていないか、周辺の植物までよく確認します。体色が緑色のため、見逃しやすいのでじっくり確認します。除草を徹底して住みかをなくします。

薬剤を使うなら シソのオンブバッタに適用のある薬剤はありません。

発生しやすい野菜類

オクラ、キャベツ、サヤインゲン、シソ、チンゲンサイ、ハクサイ、バジル、ブロッコリー、ホウレンソウ、ミント、ルッコラなど

シュンギク ■キク科

アブラムシ類　●葉裏や新芽に約2mmの小さな虫がたくさんつく

これが原因

新芽に寄生して吸汁しているようす。

翅がある虫が新芽に寄生している。

発生しやすい野菜類

カブ、キュウリ、コマツナ、シュンギク、ダイコン、チンゲンサイ、トマト、ナス、ハクサイ、ブロッコリーなど

Data

発生時期 — 4〜11月
発生部位 — 葉、新芽、茎
類別 —— 群生する吸汁性害虫

葉裏や新芽に約2mmの小さな虫がつきます。野菜や草花、雑草に幅広く寄生し、植物の汁を吸います。発生が多いと新芽や葉の成長が阻害されます。また、葉についた排泄物にすす病が発生して葉が黒くなったり、モザイク病のウイルスを媒介します。繁殖が旺盛で、生息密度が高まると翅がある虫が現れ、移動して被害を広げます。発生場所の近くに白い脱皮殻がつくので、発生サインとして役立てましょう。夏は生息数が減り、暖冬で雨が少ない年は発生が多くなります。

薬剤を使う前に　見つけ次第潰して退治します。きらきらする光を嫌う習性を利用して、播種時にシルバーマルチを敷いたり、寒冷紗で株を覆って成虫の飛来を防ぎます。窒素肥料のやりすぎは発生を促すので注意します。風通しをよくし、冬期を含め周辺の除草を徹底します。

薬剤を使うなら　発生初期に**スタークル顆粒水溶剤**を株全体に散布するか、株元に**ベストガード粒剤**を散布します。自然派薬剤ではベニカナチュラルスプレー、ベニカマイルドスプレー、アーリーセーフ、カダンセーフ、やさお酢、**エコピタ液剤**を丁寧に散布します。

マメハモグリバエ　●葉面に曲がりくねった白い線ができた

ここに幼虫

葉に曲がりくねった白い線ができた。

成虫が産卵した痕が小さな白点になって残る。

発生しやすい野菜類

サヤインゲン、シュンギク、セルリー、トマト、ナス、ニンジン、ミニトマトや、キュウリ、メロンなどのウリ科野菜

Data

発生時期 — 5〜11月
発生部位 — 葉
類別 —— 葉の中に潜入する食害性害虫

葉面に曲がりくねった白い線が現れます。絵を描いたように葉が食害されるため、通称エカキムシと呼ばれます。シュンギクの主要害虫で発生頻度が高く、成虫は体長約2mmの小さなハエで、葉の中に産卵し、幼虫がトンネルを掘るように葉肉を食害して進むため、食害された部分が半透明の白い線になり生育が阻害されます。幼虫は成熟すると葉の外に脱出して落下し、土の中で蛹になり羽化して再び成虫が現れます。春から秋に何度も発生を繰り返します。

薬剤を使う前に　成虫の飛来を防ぐため、タネまき時にシルバーマルチを畝に敷きます。葉に白い線が現れたら、すぐに白線の先端部分にいる幼虫を指で押し潰すか、葉ごと切って処分します。黄色粘着シート（NEWムシナックスイエロー）を株の近くに吊り下げて成虫を誘引捕獲します。

薬剤を使うなら　葉に白い線が現れはじめる発生初期に、**ベニカ水溶剤**、**ダントツ水溶剤**を、株全体に散布液が葉先からしたたり落ちはじめるまで十分に散布します。適用のある自然派薬剤はありません。

　＊下線がある薬剤は生産者向けとして農協（JA）などで入手できる（同類名称薬剤は、家庭園芸用と適用が異なる場合もある）。

セルリー ■セリ科

軟腐病 (なんぷびょう) ●株元が腐敗し、軟らかくなって臭い

発病して株元が変色し、衰弱した株。

株を持ち上げると容易に株元から抜ける。

細菌が原因

臭い

腐敗部分は溶けたように腐り、悪臭がする。

被害が進むと…

腐敗してべとべとになって枯れた葉。

Data
発生時期 —— 8〜11月
発生部位 —— 茎、葉
類別 ——— 細菌による伝染性の病気

株元があめ色に水がしみたようになって腐敗し、軟らかくなって悪臭がします。細菌が原因の主要病害で、発病すると茎が上部までしおれ、被害が進むと葉柄も腐敗してべとべとになって枯れます。夏から秋に雨が多く、特に台風の後に多発。土の中の病原菌は、根の周りや葉と地面が接触している部分で増殖し、降雨時に気孔や傷口、ヨトウムシなど食害性害虫の食害痕から侵入します。水はけが悪かったり、肥料を多くやりすぎると発病が促されます。

薬剤を使う前に 連作を避け、マメ科やイネ科野菜と輪作します。畝を高くして排水をよくし、傷つけないように植え付けます。寒冷紗や防虫ネットをかけ、肥料のやりすぎに気をつけます。発病した株は見つけ次第、周りの土ごと取り除きます。周辺の除草を徹底し、収穫後は残渣を残さず、清掃に努めます。

薬剤を使うなら 発病すると治療できないので、予防を徹底することが重要です。大雨や台風の後はすみやかに、自然派薬剤のZボルドーを株全体に散布して予防します。

発生しやすい野菜類
カブ、キャベツ、キュウリ、ジャガイモ、セルリー、ダイコン、タマネギ、トウガラシ、トマト、ナス、ニラ、ニンジン、ハクサイ、パセリ、ピーマン、ブロッコリー、レタスなど

キアゲハ ●葉が食害され、黒褐色や縞模様の虫がいる

若齢幼虫

若い幼虫は黒褐色に橙色の斑点がついて白斑がある。

これが原因

成熟して黒と黄緑の縞模様がついた幼虫（写真はミツバ）。

近くにいるサイン

葉上の糞。発生サインとして早期発見に役立てたい。

Data
発生時期 —— 4〜10月
発生部位 —— 葉
類別 ——— チョウの仲間。食害性害虫

葉の上に、黒褐色に橙色の斑点がついて白斑のある虫がいます。ニンジン、パセリなど、セリ科野菜に寄生するチョウの仲間で、幼虫が葉を食害します。幼虫は成長すると、黒と黄緑の縞模様のあるイモムシになり、体長が約5cmになって旺盛に食害。被害が進むと葉が食べつくされ、株が衰弱します。成熟した幼虫はやがて寄生植物から離れて蛹になり、羽化して現れる鮮やかなチョウが葉に1個ずつ産卵し、幼虫が再び食害します。冬は蛹の状態で過ごします。

薬剤を使う前に 幼虫を見つけ次第、捕殺します。とくに、成熟した幼虫は食害量が多いため、被害が進む前に早めに対処します。

薬剤を使うなら セルリーのキアゲハに適用のある薬剤はありません。

発生しやすい野菜類
ニンジン、パセリ、セルリー、ミツバなどのセリ科野菜

タマネギ ■ヒガンバナ科

べと病　●葉の色が抜けたようになって枯れる

カビが原因

発病して葉枯れを起こしてしまった。

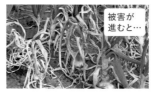

被害が進むと…

多くの株が被害を受け、枯れてきた状態。

被害を受けた品種（手前）と、耐病性品種の「湘南レッド」（奥）。

耐病性品種

マルチングは病気の予防になる（敷きわらの例）。

Data

発生時期 — 3〜5月
発生部位 — 葉
類別 —— カビ（糸状菌）による伝染性の病気

葉にぼんやりと不明瞭な楕円形の病斑ができて、緑色が抜けたように見えます。カビ（糸状菌）によるタマネギの主要病害で、11月の定植後から年末に苗が土中の病原菌に感染し、3〜4月に発病します。年内の感染時は症状が現れず、翌春に病気が蔓延して、半年育てた苗が台無しになります。前年の秋に雨が多いと発生しやすく、被害が進むと葉が折れたり株全体が枯れます。風で周囲に菌が飛散します。水はけ、日当たり、風通しが悪く、雨が多いと発生が促されます。

発生しやすい野菜類

タマネギ、ネギ、ノビル、ワケギなど

薬剤を使う前に
連作を避け、「湘南レッド」など耐病性品種を選び、定植時は畝を高くして水はけをよくし、泥はね防止に敷きわらや黒マルチなどでマルチングします。密植を避けて、日当たりや風通しをよくし、被害葉や作物の残渣は早めに処分します。

薬剤を使うなら
植え付け後の11〜12月、3〜4月に、GFワイドヒッター顆粒水和剤、ランマンフロアブルを植物全体に丁寧に散布して予防します。自然派薬剤はZボルドーを散布します。

ネギコガ　●葉に白い筋ができたり、穴があいている

幼虫の食害で、スカシ状の筋ができた葉。

これが原因

葉の中を食害中の幼虫。体色は黄緑色で、縦に淡赤褐色の線がつく（写真はネギ）。

網状の繭の中で蛹になった状態（写真はネギ）。

被害が進むと…

葉を食害されて、淡褐色の筋がたくさんついた。

Data

発生時期 — 5〜11月（7〜8月に多い）
発生部位 — 葉
類別 —— ガの仲間。食害性害虫

葉に白い筋ができたり、穴があきます。年に約10回発生し、幼虫がタマネギやネギなどヒガンバナ科野菜を食害します。幼虫は、葉の中に潜り、葉の表面を残して葉肉を食害するため、白い小さな斑点ができたり、筋状の痕がついて穴があきます。成長すると葉の内側に出て、表皮を残しながら葉を内側から食害するため、スカシ状になったり不規則に白斑ができます。雨が少なく高温で乾燥すると発生しやすく、多発した場合は葉全体が白くなって枯れる場合もあります。

発生しやすい野菜類

タマネギ、ニラ、ニンニク、ネギ、ワケギなどのヒガンバナ科野菜

薬剤を使う前に
葉に白い筋を見つけたら、被害を受けた葉を元から取り除くか、葉の中の幼虫を捕殺します。葉の表面に現れた幼虫や蛹は、見つけ次第すみやかに捕殺します。

薬剤を使うなら
発生初期に、アディオン乳剤やベニカS乳剤を植物全体に散布します。適用のある自然派薬剤はありません。

　＊下線がある薬剤は生産者向けとして農協（JA）などで入手できる（同類名称薬剤は、家庭園芸用と適用が異なる場合もある）。

チンゲンサイ ■アブラナ科

アブラムシ類　●葉裏に約2mmの小さな虫が群生する

これが原因

葉裏に群生したアブラムシ。

翅をもつ成虫。生息密度が高くなると現れる（写真はキャベツ）。

発生しやすい野菜類

カブ、キュウリ、コマツナ、ダイコン、チンゲンサイ、トマト、ナス、ハクサイ、ブロッコリーなど

Data

発生時期 ── 4〜11月
発生部位 ── 葉
類別 ───── 群生する吸汁性害虫

葉裏に約2mmの小さな虫がつき、植物の汁を吸って生育を阻害します。また、葉についた排泄物がすす病を誘発したり、モザイク病のウイルスを媒介する厄介な害虫です。生息密度が高くなると翅のある個体が現れ、新たな場所を求めて移動します。繁殖が旺盛で短期間のうちに急速に増えます。一般の昆虫とは違い、春から秋の間は雌成虫が交尾しないで雌だけを産む単為生殖を繰り返します。夏期は生息数が減ります。暖冬で雨が少ない年は発生が多くなります。

薬剤を使う前に　見つけ次第、潰して退治します。きらきらする光を嫌う習性を利用して、定植時にシルバーマルチを敷くと成虫の飛来を抑えられます。窒素肥料のやりすぎは発生を促すので注意します。風通しをよくし、周辺の除草を徹底します。

薬剤を使うなら　発生初期にベニカベジフルスプレー、ベニカ水溶剤、ダントツ水溶剤、自然派薬剤ならベニカナチュラルスプレー、ベニカマイルドスプレー、アーリーセーフ、カダンセーフ、ロハピ、エコピタ液剤を丁寧に散布します。ベニカベジフルスプレー、ベニカ水溶剤、ダントツ水溶剤、は、薬剤抵抗性が発達し従来の薬品では効きにくいアブラムシにも効果的です。

アオムシ（モンシロチョウ）　●葉に穴があき、緑色で細かい毛のある虫がいる

葉が食害されて、穴がいくつもできた。

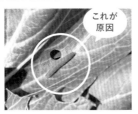

これが原因

葉の上の幼虫。体が保護色なので、緑色の葉の上では見逃しやすい。

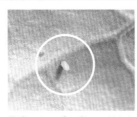

葉裏に1つずつ産みつけられた卵（写真はキャベツ）。

発生しやすい野菜類

カブ、カリフラワー、キャベツ、コマツナ、ダイコン、チンゲンサイ、ハクサイ、ブロッコリー、ルッコラなど

Data

発生時期 ── 4〜6月、9〜11月（寒冷地では夏に多く発生）
発生部位 ── 葉
類別 ───── チョウの仲間。食害性害虫

葉に穴があき、緑色で細かい毛のある虫がいます。主にアブラナ科野菜に寄生します。成虫のモンシロチョウが葉裏に1個ずつ徳利形の卵を産み、孵化後の幼虫が葉を食べます。幼虫は成長すると約3cmになり、放置すると葉脈を残して株が丸裸になることもあります。関東以南では5〜6月の被害が甚大で、盛夏期は減少し、秋になると9月頃から再び被害が増えます。木の幹や家の壁などで、蛹の状態で越冬し、3月に羽化して再び被害が発生します。

薬剤を使う前に　日頃から葉の表裏をよく見て、卵や幼虫を見つけ次第、捕殺します。寒冷紗を張って成虫の産卵を防ぎます。

薬剤を使うなら　定植前にモスピラン粒剤を株元に散布するか、発生初期にカスケード乳剤を散布します。発生初期に自然派薬剤のベニカナチュラルスプレー、STゼンターリ顆粒水和剤、ゼンターリ顆粒水和剤、スピノエース顆粒水和剤を散布します。孵化後の幼虫は葉裏に寄生するので、葉裏にも十分かかるように散布します。

ネギ ■ヒガンバナ科

さび病　●葉の表面に橙黄色の小さな斑点ができる

葉に橙黄色の斑点が発生した。

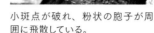

カビが原因

小斑点が破れ、粉状の胞子が周囲に飛散している。

被害が進むと…

発生によって株が衰弱し、葉先が枯れはじめた。

Data
発生時期 ── 4〜5月、9〜11月
発生部位 ── 葉
類別 ──── カビ（糸状菌）による伝染性の病気

葉の表面に橙黄色でやや隆起した楕円形の小斑点がつきます。カビ（糸状菌）が原因で発生するネギの主要病害で、タマネギ、ニラなどヒガンバナ科野菜に発生します。春から秋にかけて被害が目立ちますが、高温になる夏は一時的に発生が止まります。小斑点はしばらくすると破れて、橙黄色で粉状の胞子が周囲に飛散して伝染します。発生が多いと、葉全体が斑点で覆われて株が衰弱します。比較的低温で降雨が続き、肥料が不足していて株全体の生育が悪いと発生が多くなります。

薬剤を使う前に
日頃からよく観察し、発病した葉を見つけたら早めに除去し、伝染源をなくします。苗の生育が健全でないと発生が促されるため、肥料切れさせないように適宜追肥して丈夫に育てます。

薬剤を使うなら
発生が進むと効果が低下するので、小さな斑点が現れる発生初期にSTサプロール乳剤、STダコニール1000、ダコニール1000、スターガードプラスALを、自然派薬剤なら家庭園芸用カリグリーン、カリグリーンを、植物全体にむらなく散布します。

発生しやすい野菜類
タマネギ、ニラ、ニンニク、ネギ、ラッキョウなど

ネギアザミウマ　●葉に傷のような斑点ができ、白くかすり状になる

葉が白くかすれる

被害を受けて、ネギの葉が白くかすり状になった。

白い斑点が細長く筋状につながったようす。

被害が進むと…

葉の表面が広範囲に傷つけられて白くなった。

発生しやすい野菜類
インゲン、エダマメ、エンドウ、キュウリ、サトイモ、スイカ、タマネギ、トマト、ナス、ニラ、ニンニク、ネギ、メロンなど

Data
発生時期 ── 5〜11月
発生部位 ── 葉
類別 ──── 吸汁性害虫

葉に傷のような白い小斑点ができ、やがて葉全体がかすり状に白くなります。ネギの主要害虫で、タマネギなどのヒガンバナ科野菜や、アブラナ科、ウリ科、キク科、ナス科などに寄生。成虫や幼虫が葉を傷つけながら汁を吸い、葉の色が抜けます。成虫は体長が約1.3mmで見つけにくく、原因がこの害虫だとわかりにくいです。多く発生すると葉が真っ白になって衰弱します。また、モザイク病のウイルスを媒介します。高温乾燥で雨が少ないと発生しやすく、春から秋まで活動します。

薬剤を使う前に
適切な水やりを心がけ、とくに夏の乾燥時は適宜葉水をし、害虫の住みかになる周辺の雑草や落ち葉、作物の残渣はすみやかに除去します。定植時はきらきらする光を嫌う習性を利用して、シルバーマルチを張って成虫の飛来を防ぎます。

薬剤を使うなら
発生初期にベニカベジフルスプレー、ベニカ水溶剤、ダントツ水溶剤、スターガードプラスALを植物全体に散布します。自然派薬剤ならスピノエース顆粒水和剤を散布します。

＊下線がある薬剤は生産者向けとして農協（JA）などで入手できる（同類名称薬剤は、家庭園芸用と適用が異なる場合もある）。

ネギコガ ●葉に白い筋ができたり、穴があく

葉に淡褐色の筋がついている。

これが原因
葉の中を食害中の幼虫。体色は黄緑色で、縦に淡赤褐色の線がつく。

網状の繭の中で蛹になった。

被害が進むと…
食害されて、葉に穴があくこともある。

Data
発生時期 — 5〜11月
発生部位 — 葉
類別 ——— ガの仲間。食害性害虫

葉に淡褐色の筋ができたり、穴があきます。年に約10回発生し幼虫がタマネギやネギなどヒガンバナ科野菜に寄生します。幼虫は葉の中に潜り、葉の表面を残して葉肉を食害するため、白い小さな斑点ができたり、筋状の痕がついて穴があきます。雨が少なく高温で乾燥すると発生しやすく、多発した場合は葉全体が白くなって枯れます。幼虫は成熟すると体長が約1cmになり、葉の外に出て網状の繭を作り、その中で蛹になります。成虫のがは、体長が約4mmで灰黒色です。

薬剤を使う前に 葉に淡褐色の筋を見つけたら、被害を受けた葉を元から取り除くか、葉の中の幼虫を捕殺します。葉の表面に現れた幼虫や蛹は、見つけ次第すみやかに捕殺します。

薬剤を使うなら 発生初期にベニカAスプレー、ベニカS乳剤、家庭園芸用スミチオン乳剤、アディオン乳剤を、植物全体に散布します。適用のある自然派薬剤はありません。

発生しやすい野菜類
アサツキ、タマネギ、ニラ、ニンニク、ネギ、ラッキョウ、ワケギなど

ネギアブラムシ ●葉に黒褐色で光沢のある小さな虫がつく

これが原因
黒褐色で光沢があるのが特徴。

被害が進むと…
ネギの葉にびっしりと群生している。

Data
発生時期 — 4〜11月
発生部位 — 葉
類別 ——— 群生する吸汁性害虫

葉に約2mmの黒褐色で光沢のある小さな虫がつきます。ネギ、タマネギなどの汁を吸って生育を阻害します。発生が多いと株全体が真っ黒に覆われることもあり、排泄物にすす病が発生して茎葉が黒くなったり、ネギ萎縮病というウイルス病を媒介します。ネギ萎縮病が発生すると葉にモザイク症状が出て、株が萎縮して生育不良になります。繁殖が旺盛で、生息密度が高まると翅がある虫が現れ、移動して被害を広げます。夏は生息数が減り、暖冬で雨が少ないと発生が増えます。

薬剤を使う前に 見つけ次第潰して退治します。定植時にシルバーマルチを敷いて成虫の飛来を抑えます。窒素肥料を一度にやりすぎると発生を促すので注意します。

薬剤を使うなら 発生初期に家庭園芸用スミチオン乳剤、家庭園芸用マラソン乳剤、サンケイマラソン乳剤を、自然派薬剤ならベニカナチュラルスプレー、ベニカマイルドスプレー、アーリーセーフ、カダンセーフ、ロハピ、エコピタ液剤を、植物全体に丁寧に散布します。

発生しやすい野菜類
ネギ、タマネギ、ニラなど

ハクサイ ■アブラナ科

アオムシ（モンシロチョウ）　●葉に穴があき、緑色で細かい毛のある虫がいる

食害されて、葉に穴があいた。

これが原因

葉の上にいる幼虫。葉裏に1個ずつ産みつけられた卵。

放っておくと…

放置すると葉脈だけが残り、葉はボロボロになる。

Data

発生時期 ── 4～6月、9～11月（寒冷地では夏に多く発生する）
発生部位 ── 葉
類別 ──── チョウの仲間。食害性害虫

葉に穴があき、緑色で細かい毛のある虫がいます。モンシロチョウの幼虫で主にアブラナ科の野菜に寄生します。チョウが葉裏に1個ずつ徳利形の卵を産み、孵化後の幼虫が葉を食害します。幼虫は成長すると約3cmになって食べる量も多く、放置すると葉脈を残して株が丸裸になることもあります。関東以西では5～6月の被害が甚大で、盛夏期は減少し、秋になると9月頃から再び被害が多くなります。寒冷地では夏に多く発生します。

発生しやすい野菜類

カブ、カリフラワー、コマツナ、ダイコン、チンゲンサイ、ハクサイ、ブロッコリー、ルッコラなど

薬剤を使う前に　モンシロチョウが飛んでいれば産卵される可能性があります。日頃から葉の表裏をよく確認して、卵や幼虫を見つけ次第、捕殺します。定植直後に寒冷紗で株を覆って成虫の産卵を防ぎます。

薬剤を使うなら　定植時に家庭園芸用GFオルトラン粒剤、ジェイエース粒剤を植え穴に散布して植えつけるか、発生初期にベニカXネクストスプレー、ベニカAスプレー、ベニカS乳剤、家庭園芸用GFオルトラン水和剤、ジェイエース水溶剤、アディオン乳剤を散布します。自然派薬剤なら、発生初期にベニカナチュラルスプレー、STゼンターリ顆粒水和剤、ゼンターリ顆粒水和剤を散布します。孵化後の幼虫は葉裏に寄生するので、葉裏にも十分かかるように散布します。

ヨトウガ（ヨトウムシ）　●葉が食害されて穴があき、葉の上に糞がある

激しく食害されて、葉に大きな穴があいた。

これが原因

葉の上にいる幼虫。

葉裏に産みつけられた卵塊（写真はキャベツ）。

近くに幼虫

葉の上の糞は発生のサイン。

発生しやすい野菜類

イチゴ、インゲン、キャベツ、キュウリ、サツマイモ、サヤエンドウ、カブ、ジャガイモ、ダイコン、トマト、ナス、ニンジン、ネギ、ハクサイ、ブロッコリー、ホウレンソウ、ミツバ、レタスなど

Data

発生時期 ── 4～6月、9～11月
発生部位 ── 葉
類別 ──── ガの仲間、食害性害虫

葉が食害されて穴があいたり、葉の上に糞が見られます。年2回発生し、秋冬野菜ではハクサイ、キャベツ、カブなどアブラナ科野菜を中心に食害します。卵は葉裏に産卵され、孵化した幼虫は葉裏に群生し葉表を残して食害するため、被害葉はかすり状になります。幼虫は成長すると分散し、褐色で大きいと4cmになり、葉脈を残して株が丸裸になることもあります。主として夜行性で、昼は葉裏や土の中に隠れているため、被害が進んでも見つけにくいです。

薬剤を使う前に　かすり状になった葉裏に群生する幼虫を見つけたら葉ごと取り除きます。被害が進んでも発見しにくい場合は、株元の土の中や葉裏を注意深く確認し、見つけ次第捕殺します

薬剤を使うなら　定植時に家庭園芸用GFオルトラン粒剤、ジェイエース粒剤を植え穴に散布して植え付けるか、発生初期にベニカAスプレー、ベニカS乳剤、家庭園芸用GFオルトラン水和剤、ジェイエース水溶剤、アディオン乳剤を散布します。自然派薬剤なら、発生初期にSTゼンターリ顆粒水和剤、ゼンターリ顆粒水和剤を散布します。孵化後の幼虫は葉裏に寄生するので、葉裏にも十分かかるように散布します。

　＊下線がある薬剤は生産者向けとして農協（JA）などで入手できる（同類名称薬剤は、家庭園芸用と適用が異なる場合もある）。

軟腐病（なんぷびょう）　●株元が変色して腐敗し、悪臭がする

Data
発生時期 —— 8〜9月
発生部位 —— 葉
類別 ——— 細菌による伝染性の病気

株元があめ色に水がしみたように腐敗し、軟らかくなって悪臭がします。細菌が原因で、夏から秋に雨が多いと発生しやすく、特に台風の後に多発。土の中の病原菌は降雨時に気孔や傷口、食害性害虫の食害痕から侵入します。水はけが悪く、肥料をやりすぎると発生が促されます。

発生しやすい野菜類
カブ、キャベツ、キュウリ、ジャガイモ、ダイコン、タマネギ、トウガラシ、トマト、ナス、ニンジン、ハクサイ、パセリ、ピーマン、ブロッコリー、レタスなど

S.Yoneyama
細菌が原因

ハイマダラノメイガによる頂芽の食害部から発病した。

被害が進むと…

被害が進行して腐敗部分が広がり、結球部が腐った。

薬剤を使う前に 連作を避け、マメ科やイネ科野菜と輪作します。排水をよくし、苗を傷つけないように植え付けます。寒冷紗や防虫ネットでヨトウムシなどガの産卵を防ぎます。肥料のやりすぎに気をつけます。発病した株は見つけ次第、周りの土とともに取り除きます。周辺の除草を徹底します。

薬剤を使うなら 発病すると治療はできないので、大雨や台風の後は、すみやかに**スターナ水和剤**を、自然派薬剤では**Zボルドー**を、株全体に散布して予防します。

ハイマダラノメイガ（ダイコンシンクイムシ）　●新芽や葉が糸でつづり合わせられ、食害される

Data
発生時期 —— 5〜10月
発生部位 —— 葉
類別 ——— ガの仲間。食害性害虫

新芽や葉が糸でつづり合わせられ、中に幼虫がいて葉が食害され、近くに黒い糞がつきます。淡褐色のガの幼虫で、褐色の縦縞が7本あり、アブラナ科野菜に寄生。生育初期に苗の生長点を食害されるため生育が停止します。春から秋に数回発生し、高温で雨が少ないと多発します。

発生しやすい野菜類
カブ、キャベツ、ダイコン、ハクサイ、ラディッシュなどのアブラナ科野菜

薬剤を使う前に 日頃から植物をよく観察し、つづられた葉を見つけたら巣の中の幼虫を捕殺します。防虫ネットで株を覆って成虫の産卵を防ぎます。

薬剤を使うなら 定植時に**ベニカXガード粒剤**を植え穴の土に混和します。幼虫が成長して大きくなると効果が低下するため、発生初期に**プレバソンフロアブル5**を、自然派薬剤では**スピノエース顆粒水和剤**を株全体に散布します。

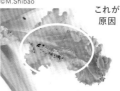
©M.Shibao
これが原因

葉の上にいる幼虫（写真はキャベツ）。

葉が食べられてつづられ、葉の上に黒い糞がある。
被害が進むと…

アブラムシ類　●葉裏や新芽に約2mmの小さな虫がたくさんつく

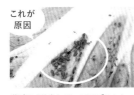
これが原因

葉裏に群生しているアブラムシ。

被害が進み、結球部に多く寄生した状態。

放っておくと…

Data
発生時期 —— 4〜11月
発生部位 —— 葉、芽
類別 ——— 群生する吸汁性害虫

葉裏や新芽に約2mmの小さな虫が群生して、近くに白い脱皮殻があります。繁殖が旺盛で植物の汁を吸い、多発すると葉の成長が阻害され、排泄物にすす病が発生して葉が黒くなったり、ハクサイモザイク病のウイルスを媒介します。夏は減り、暖冬で雨が少ない年は発生が多くなります。

発生しやすい野菜類
カブ、キュウリ、コマツナ、ダイコン、チンゲンサイ、トマト、ナス、ハクサイ、ブロッコリーなど

薬剤を使う前に 見つけ次第潰して退治します。定植時にシルバーマルチを敷いたり、寒冷紗で株を覆って成虫の飛来を防ぎます。窒素肥料のやりすぎに注意し、風通しをよくし、周辺の除草を徹底します。

薬剤を使うなら 発生初期に**ベニカAスプレー、家庭園芸用GFオルトラン水和剤、ジェイエース水溶剤、アディオン乳剤、スターガードプラスAL**を、自然派薬剤では**ベニカナチュラルスプレー、アーリーセーフ、ベニカマイルドスプレー、やさお酢、エコピタ液剤**を散布します。定植時に**ベニカXガード粒剤、家庭園芸用GFオルトラン粒剤、ジェイエース粒剤**を植え穴に散布する方法もあります。

ナスタチウム ■ノウゼンハレン科

ハモグリバエ類　●葉面に曲がりくねった白い線が描かれる

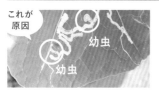

これが原因
幼虫
幼虫

葉に曲がりくねった線が現れ、中に幼虫がいる。

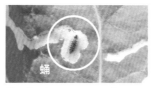

蛹

葉の中で蛹になったハモグリバエ。

Data

発生時期 ── 3〜11月
発生部位 ── 葉
類別 ─────── 葉の中に潜入する食害性害虫

葉面に曲がりくねった白い線が現れます。通称エカキムシと呼ばれるナスタチウムの主要害虫で、ハーブをはじめ野菜、草花、雑草など広範囲の植物に寄生します。成虫(体長約2㎜の小さなハエ)が葉の中に産卵し、孵化した幼虫は表皮と葉裏を残して葉肉を食害して進み、葉の中で蛹になります。被害部分は半透明になって生育が阻害されます。春から秋にかけて何度も発生を繰り返し、発生が多い場合は葉全体が真っ白になり、枯死する場合もあります。

発生しやすいハーブ類

カモミール、クレソン、ナスタチウム、ポットマリーゴールド、マジョラム、ミント類、ルッコラなど

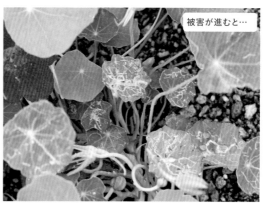

被害が進むと…

多くの葉が被害を受け、たくさんの白い線がついた。

薬剤を使う前に　日頃から植物をよく見て葉に白い線が現れたら、できるだけ早く白線の先端部分にいる幼虫や蛹を指で押し潰すか、被害が多い場合は葉を剪定して処分します。

薬剤を使うなら　ナスタチウムのハモグリバエ類に適用のある薬剤はありません。

コナガ　●葉が白い透かし状になったり、穴があく

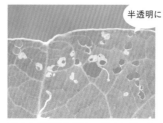

半透明に

表皮を半透明に残して透かし状になった葉。

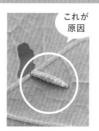

これが原因

葉裏に生息するコナガの幼虫。

被害が進むと…

葉に多くの不規則な穴があいてしまった。

発生しやすい野菜類

キャベツ、ダイコン、ハクサイ、ブロッコリーなどのアブラナ科野菜、ナスタチウムなど

Data

発生時期 ── 4〜7月、9〜11月
発生部位 ── 葉
類別 ─────── ガの仲間。食害性害虫

葉が葉表を残して白い透かし状になったり、不規則な穴をあけるのは、体長が最大で約10㎜の淡黄色で細長く、尾端の脚がハの字に開くイモムシです。ナスタチウムやアブラナ科野菜の主要害虫で年に約10回発生しますが、主に春と秋に発生が目立ちます。幼虫は俊敏で、葉を揺らしたり近づくと糸を吐いてすぐに逃げます。若齢幼虫の食害痕が白く透かし状になる被害はヨトウガに似ますが、ヨトウガはゆっくり葉面を移動します。成虫のガは、葉裏に黄白色の卵を点々と産みます。

薬剤を使う前に　日頃から植物をよく観察し、透かし状になった葉を見つけたら幼虫を捕殺します。幼虫はすばやく逃げる習性があるので取り逃さないように注意します。防虫ネットで株を覆って成虫の産卵を防ぎます。周辺の除草を徹底します。

薬剤を使うなら　幼虫が成長して大きくなると効果が低下するため、発生初期に自然派薬剤のST<u>ゼンターリ顆粒水和剤</u>、<u>ゼンターリ顆粒水和剤</u>を、葉裏を含めて丁寧に散布します。適用がある化学合成薬剤はありません。

　＊下線がある薬剤は生産者向けとして農協(JA)などで入手できる(同類名称薬剤は、家庭園芸用と適用が異なる場合もある)。

バジル ■シソ科

ベニフキノメイガ ●葉や茎が糸でつづられ、中に虫がいる

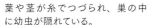

葉や茎が糸でつづられ、巣の中に幼虫が隠れている。

これが原因

葉の上にいる幼虫。

放っておくと…

葉が食べられ、糸でつづられて穴があく。糞は発生サインとして見逃さない。

Data

発生時期 ── 5～10月
発生部位 ── 葉、茎
類別 ──── ガの仲間。食害性害虫

葉や茎が糸でつづられて葉が食べられ、被害部分が周囲と比べて茶褐色に見えます。メイガ科のガの仲間で、5～10月に被害が目立ちます。1年に3回発生し、本州から四国、九州に生息します。バジル、シソなどシソ科の植物の葉や茎を糸でつづって巣を作り、中に体の側面に帯状で赤緑色の線がある黄緑色で約15mmのイモムシがいて、近くに小さく黒い糞がつきます。特に8～9月に多発し、やがて株全体に広がります。幼虫は冬に枯れ葉や茎をつづって越冬します。

発生しやすい野菜類

エゴマ、シソ、バジル、ミント類などシソ科の野菜やハーブ

薬剤を使う前に 日頃から、つづられた葉や食害された葉がないかよく観察し、見つけ次第巣ごと潰したり、幼虫を箸でつまむなどして捕殺します。幼虫は動きがすばやいので取り逃さないように注意します。

薬剤を使うなら バジルのベニフキノメイガに適用のある薬剤はありません。

べと病 ●葉が黄色く変色し、やがて枯れる

発病して葉が黄化した状態。

カビが原因

葉の裏に白い霜状のカビが生えた。

3点ともに愛知県農業総合試験場提供

発病して、周囲の株も葉が黄化してしまった。

発生しやすい野菜類

カブ、キャベツ、コマツナ、ダイコン、ハクサイ、ブロッコリーなどのアブラナ科野菜、カボチャ、キュウリ、スイカ、ニガウリ、メロンなどのウリ類

Data

発生時期 ── 4～9月
発生部位 ── 葉
類別 ──── カビ(糸状菌)による伝染性の病気

葉が黄色く変色します。カビ(糸状菌)によるバジルの主要病害で気温が20℃前後で、降雨が多く湿度が高い時期に発生が多くなります。発病した葉の裏には白い霜状のカビが生え、胞子が風で周囲に飛散して、健全な葉の気孔から侵入して伝染します。被害が進むと葉裏が黒色のカビで覆われ、葉が枯れて落葉します。ひどい場合は株全体が枯れます。肥料不足で株が衰弱していたり、水はけ、日当たり、風通しが悪く、多湿になると発生が促されます。

薬剤を使う前に 定植時は畝を高くして排水をよくして密植を避け、日当たりや風通しをよくします。被害葉や作物の残渣は早めに除去します。施肥管理を徹底して丈夫に育てます。肥料が不足して株が弱ると発生しやすいので注意します。

薬剤を使うなら 発生初期の斑点がまだ小さいうちに、周囲の健全な株も含めランマンフロアブルを、自然派薬剤ならZボルドーを、株全体に丁寧に散布します。

ブロッコリー ■アブラナ科

アオムシ（モンシロチョウ） ●葉に穴があき、緑色で細かい毛のある虫がいる

食害されて、葉に穴があいた。

葉裏に1個ずつ産みつけられた卵。

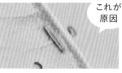
葉裏を食害する若い幼虫。

これが原因

葉の上の成熟した幼虫。近くの黒い糞は発生確認のサイン。

Data
発生時期 —— 4〜6月、9〜11月（寒冷地では夏に多く発生する）
発生部位 —— 葉
類別 ——— チョウの仲間。食害性害虫

葉に穴があき緑色で細かい毛のある虫がいます。モンシロチョウの幼虫で主にアブラナ科の野菜に寄生。木の幹や家の壁などで越冬した蛹が3月に羽化し、現れたチョウが葉裏に1個ずつ徳利形の卵を産み、幼虫が葉を食害します。幼虫は成長すると約3cmになって食べる量も多くなり、放置すると葉脈を残して株が丸裸になることもあります。関東以西では5〜6月の被害が甚大で、盛夏期は減少し、9月頃から再び被害が多くなります。寒冷地では夏に多く発生します。

薬剤を使う前に モンシロチョウが飛んでいれば産卵して発生する可能性があります。日頃から葉の表裏をよく確認して、卵や幼虫を見つけ次第、捕殺します。寒冷紗で株を覆って成虫の産卵を防ぎます。

薬剤を使うなら 発生初期にベニカ水溶剤、<u>アファーム乳剤</u>を散布します。孵化後の幼虫は葉裏に寄生するので、葉裏にも十分かかるように散布します。自然派薬剤なら、発生初期にベニカナチュラルスプレー、STゼンターリ顆粒水和剤、ロハピ、<u>ゼンターリ顆粒水和剤</u>を散布します。

発生しやすい野菜類
ハクサイ、ダイコン、カブ、コマツナ、ブロッコリー、チンゲンサイ、カリフラワー、ルッコラなど

ニセダイコンアブラムシ ●葉裏や新芽に、暗緑色で白い粉で薄く覆われた虫がつく

これが原因

葉裏に寄生したアブラムシ。

繁殖して葉裏に群生している。

放っておくと…

新芽にびっしりと群生している。

発生しやすい野菜類
カブ、カリフラワー、コマツナ、ダイコン、チンゲンサイ、ナバナ、ハクサイ、ブロッコリーなどのアブラナ科野菜

Data
発生時期 —— 一年中（特に秋期に多く発生）
発生部位 —— 新芽、葉
類別 ——— 群生する吸汁性害虫

葉裏や新芽に暗緑色で白い粉で薄く覆われた約2mmの小さな虫がつきます。秋に発生が多いアブラムシで、アブラナ科の野菜や雑草に寄生し、汁を吸って生育を阻害し、すす病を誘発したりモザイク病のウイルスを媒介します。寒冷地では晩秋に産卵して卵で越冬しますが、暖地では幼虫や成虫が作物や雑草の上で冬を過ごし、翌春に春夏作のアブラナ科の野菜に寄生します。夏は減りますが、翌秋に再び繁殖します。暖冬で雨が少ない年は発生が多くなります。

薬剤を使う前に 見つけ次第、潰して退治します。きらきらする光を嫌う習性を利用して、定植時にシルバーマルチを敷いて成虫の飛来を防ぎます。窒素肥料のやりすぎに注意します。密植を避けて、風通しをよくします。冬期も含め周辺の除草を徹底します。

薬剤を使うなら 定植時の植え穴にベニカXガード粒剤を処理します。発生初期にベニカAスプレー、ベニカ水溶剤、家庭園芸用マラソン乳剤、スターガードプラスAL、<u>アディオン乳剤</u>を、自然派薬剤ならベニカナチュラルスプレー、ベニカマイルドスプレー、アーリーセーフ、ピュアベニカ、<u>エコピタ液剤</u>を散布します。

＊下線がある薬剤は生産者向けとして農協（JA）などで入手できる（同類名称薬剤は、家庭園芸用と適用が異なる場合もある）。

べと病　●葉に輪郭がはっきりしない黄緑色の斑紋ができる

Data
発生時期 — 4〜9月
発生部位 — 葉、花蕾
類別 ——— カビ（糸状菌）による伝染性の病気

葉に葉脈に囲まれた輪郭がはっきりしない円形の黄緑色の斑紋ができます。カビ（糸状菌）による主要病害で気温が20℃前後で降雨が多く、湿度が高い時期に多発します。花蕾が被害を受けると、基部が黒くなって表面に白い霜状のカビが生えます。発病した葉裏には白い霜状のカビが生え、そこで作られる胞子が風で周囲に飛散し、健全な葉の気孔から侵入して伝染します。肥料不足で株が衰弱していたり、水はけ、日当たり、風通しが悪く、多湿になると発生が促されます。

カビが原因

葉脈に囲まれた黄緑色の斑紋が現れたブロッコリーの葉。
S.Yoneyama

薬剤を使う前に　定植時は畝を高くして排水をよくし、密植を避けて、日当たりや風通しをよくします。被害葉や作物の残渣は早めに除去します。施肥管理を徹底して丈夫に育てます。肥料が不足して株が弱ると発生しやすいので注意します。

薬剤を使うなら　発生初期の斑点がまだ小さいうちに、周囲の健全な株も含め、GFワイドヒッター顆粒水和剤、STダコニール1000、ランマンフロアブルを、自然派薬剤ならZボルドーを、植物全体に丁寧に散布します。

発生しやすい野菜類
カボチャ、キュウリ、スイカ、ニガウリ、メロンなどのウリ科野菜、カブ、キャベツ、コマツナ、ダイコン、ハクサイ、ブロッコリーなどのアブラナ科野菜

ヨトウガ（ヨトウムシ）　●葉がかすり状になり、葉裏に幼虫が群生する

Data
発生時期 — 4〜6月、9〜11月
発生部位 — 葉
類別 ——— ガの仲間。食害性害虫

葉が葉表を残してかすり状になり、葉裏に幼虫が群生します。通称ヨトウムシ（夜盗虫）とも呼ばれ、年2回発生し、秋冬野菜ではキャベツ、ハクサイ、ダイコン、カブなどアブラナ科野菜を食害します。成虫のガが葉裏に100〜200個の卵をまとめて産み、孵化した幼虫が葉表を残して食害するため、被害部分がかすり状になります。成長した幼虫の体長は約4cmで褐色になり、分散して食害します。放置すると株が食べつくされます。幼虫は夜行性なので昼は見つけにくいです。

これが原因
葉裏に多数の幼虫が発生している。　葉裏に産みつけられた卵塊。　葉を食害する成熟した幼虫。

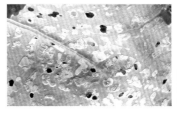
葉表を半透明に残してかすり状になった葉。

薬剤を使う前に　かすり状になった葉裏に群生する幼虫や卵塊を見つけたら葉ごと取り除きます。幼虫が成長して分散し、発見しにくい場合は、株元の土の中や落ち葉の下などを探し、見つけ次第捕殺します。寒冷紗で株を覆って成虫の産卵を防ぎます。

薬剤を使うなら　幼虫が成長して大きくなると効果が低下するため、家庭園芸用GFオルトラン粒剤、ジェイエース粒剤を、定植時に株元に散布するか、アファーム乳剤を生育期に散布します。自然派薬剤なら発生初期にSTゼンターリ顆粒水和剤、ゼンターリ顆粒水和剤を葉裏や株元にもかかるように散布します。

発生しやすい野菜類
イチゴ、カブ、キャベツ、キュウリ、サツマイモ、サヤインゲン、サヤエンドウ、ジャガイモ、ダイコン、トマト、ナス、ニンジン、ネギ、ハクサイ、ブロッコリー、ホウレンソウ、ミツバ、レタスなど

パセリ ■セリ科

キアゲハ ●葉が食害され、黒褐色や縞模様の虫がいる

これが原因
成熟して黒と黄緑の縞模様がついた幼虫。

鋏などでつつくと、防衛反応で臭いを出す角が出る。

幼虫が蛹になった。

放っておくと…
被害が進むと、株はボロボロに食べられてしまう。

Data
発生時期 ── 4〜10月
発生部位 ── 葉
類別 ──── チョウの仲間。食害性害虫

葉の上に、黒褐色に橙色の斑点がついて白斑のある虫がいます。ニンジン、パセリなど、セリ科野菜に寄生するチョウの仲間で、幼虫が葉を食害します。幼虫は成長すると、黒と黄緑の縞模様のあるイモムシになり、体長が約5cmになって被害が進むと葉が食べつくされます。成熟した幼虫はやがて寄生植物から離れて蛹になり、その後、羽化して現れる鮮やかなチョウが葉に1個ずつ産卵し、幼虫が再び食害します。冬は蛹の状態で過ごします。

薬剤を使う前に 幼虫を見つけ次第捕殺します。特に、成熟した幼虫は食害量が多いため、被害が進む前に早めに対処します。

薬剤を使うなら 発生初期に薬剤を株全体に散布します。自然派薬剤のSTゼンターリ顆粒水和剤、ゼンターリ顆粒水和剤を散布します。適用のある化学合成薬剤はありません。

発生しやすい野菜類
セリ、セルリー、ニンジン、パセリ、ミツバなどのセリ科野菜

うどんこ病 ●葉に白い粉をまぶしたようなカビがついた

Data
発生時期 ── 5〜11月
発生部位 ── 葉
類別 ──── カビ（糸状菌）による伝染性の病気

葉に小麦粉をまぶしたような白いカビが生えます。カビ（糸状菌）が原因で、病気が進行すると葉全体が白く覆われ、やがて被害部分は黄色く変色します。雨が少なく曇りの日が続き、やや乾燥ぎみで、昼と夜の温度差が大きいと発生します。また、窒素肥料を与えすぎて葉が茂りすぎたり、密植した場合や、日当たり、風通しが悪いベランダや日陰での栽培では発生が促されます。葉の上に胞子ができて風で飛散し、周囲に伝染します。

カビが原因
葉に白いカビが生えてしまった。
©信越放送

薬剤を使う前に 十分に間隔をとって植え付け、適宜、茂りすぎた茎葉を取り除き、風通し、日当たりをよくします。被害を受けた葉、植物の残渣は早めに取り除いて伝染源を断ちます。窒素肥料を一度にやりすぎると発生が促されるので注意します。

薬剤を使うなら 被害が進むと効果が劣るので、発生前〜発生初期（白色のカビがうっすらと現れたとき）にトリフミン水和剤を散布します。自然派薬剤ならベニカナチュラルスプレー、ベニカマイルドスプレーや家庭園芸用カリグリーン、アーリーセーフ、カダンセーフ、やさお酢、エコピタ液剤を植物全体にむらなく丁寧に散布します。

発生しやすい野菜類
イチゴ、オクラ、カボチャ、キュウリ、サヤインゲン、サヤエンドウ、ナス、ニンジン、パセリ、ピーマン、メロンなど

＊下線がある薬剤は生産者向けとして農協（JA）などで入手できる（同類名称薬剤は、家庭園芸用と適用が異なる場合もある）。

ホウレンソウ ■ヒユ科

立枯病 (たちがれびょう) ●幼苗の茎が地際から枯れて倒れる

Data

発生時期 — 3～11月
発生部位 — 葉、茎、根
類別 ——— カビ(糸状菌)による伝染性の病気

発芽直後の苗や、本葉が2～3枚までの幼苗、生育初期の苗の茎が地際から立ち枯れ、根が褐色に腐敗して倒れます。土の中の病原菌が原因で、ホウレンソウでは春まきの苗が発病しやすいです。根は水がしみたように褐色になり、地際部も侵されます。病原菌は高温多湿を好み、水はけが悪い場所や、夏に雨が多く湿度が高い年に多く発生します。病原菌は被害を受けた茎や根とともに、土の中に生存して伝染源となり、ほかの多くの植物に病気を発生させます。

カビが原因

地際の茎が侵され、枯れはじめた苗。

🪴 **薬剤を使う前に** 土壌改良して水はけをよくし、畝を立てて育てます。連作を避けるとともに、近くでの発病しやすいほかの野菜のタネまきや植え付けも避けます。密植だと発生しやすいので、適宜間引きを行います。必要に応じて水やりし、過度な灌水を避けます。

🧴 **薬剤を使うなら** タネまき前に、**サンケイオーソサイド水和剤80**、**オーソサイド水和剤80**をタネにまぶしてからまきます。適用のある自然派薬剤はありません。

発生しやすい野菜類

オクラ、カブ、キャベツ、キュウリ、コマツナ、タマネギ、トマト、ナス、ネギ、ピーマン、ホウレンソウなど

ホウレンソウモザイク病 ●葉に濃淡のある斑紋ができて縮れる

株の中心部分の葉が縮れてきた。

ウイルスが原因

葉に濃淡のある斑紋が現れた。

被害が進むと…

葉が激しく縮れて生育不良になった株。

Data

発生時期 — 4～10月(特にアブラムシの発生時期)
発生部位 — 葉
類別 ——— ウイルスによる伝染性の病気

葉が黄色くなり、葉に緑色の濃淡のあるモザイク状の斑紋が現れ、波打って縮れます。複数のウイルスが原因で、アブラムシによって伝染します。アブラムシが汁を吸う際に植物の中のウイルスが体内に入り、ウイルスを保毒したアブラムシが健全な株の汁を吸うと周囲に広がります。高温乾燥でアブラムシが増えると発生しやすく、発病株を扱ったハサミや手についた植物の汁液でも感染します。発病したら治療できないので、アブラムシの防除を徹底して予防します。

🪴 **薬剤を使う前に** 発病した株を放置すると伝染源になるため、見つけたら株ごと廃棄します。寒冷紗で株を覆い、光反射マルチを敷いてアブラムシの飛来を防止します。周囲の除草を徹底します。発病株の取り扱いは作業の最後にします。

🧴 **薬剤を使うなら** モザイク病を防除する薬剤はありません。アブラムシの発生時期に**ベニカ水溶剤**、**家庭園芸用スミチオン乳剤**、**スタークル顆粒水溶剤**を、自然派薬剤なら**ベニカナチュラルスプレー**、**ベニカマイルドスプレー**、**アーリーセーフ**、**ピュアベニカ**、**カダンセーフ**、**エコピタ液剤**を散布します。

モザイク病が発生しやすい野菜類

カブ、コマツナ、ダイコンなどのアブラナ科野菜、ホウレンソウ、シュンギクなど

ミツバ ■セリ科

キアゲハ ●葉が食害され、黒褐色や縞模様の虫がいる

若齢幼虫
若い幼虫は黒褐色に橙色の斑点がついて白斑がある。

これが原因
成熟して黒と黄緑の縞模様がついた幼虫。

葉の上に産みつけられた卵。

Data
発生時期 — 4〜10月
発生部位 — 葉
類別 ——— チョウの仲間。食害性害虫

葉の上に、黒褐色に橙色の斑点がついて白斑のある虫がいます。ニンジン、パセリなど、セリ科野菜に寄生するチョウの仲間で、幼虫が葉を食害します。幼虫は成長すると、黒と黄緑の縞模様のあるイモムシになり、体長が約5cmになって旺盛に食害。被害が進むと葉が食べつくされ、株が衰弱します。成熟した幼虫はやがて寄生植物から離れて蛹になり、羽化して現れる鮮やかなチョウが葉に1個ずつ産卵し、幼虫が再び食害します。冬は蛹の状態で過ごします。

薬剤を使う前に
幼虫を見つけ次第、捕殺します。とくに、成熟した幼虫は食害量が多いため、被害が進む前に早めに対処します。

薬剤を使うなら
ミツバのキアゲハに適用のある薬剤はありません。

発生しやすい野菜類
セリ、セルリー、ニンジン、パセリ、ミツバなどのセリ科野菜

ミツバモザイク病 ●葉に濃淡のある斑紋ができて縮れる

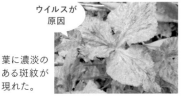
ウイルスが原因
葉に濃淡のある斑紋が現れた。

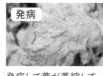
発病
発病して葉が萎縮してしまった。

正常
病気にかかっていない正常な葉。

被害が進むと…
葉が激しく縮れて生育不良になった株。

Data
発生時期 — 3〜6月(特にアブラムシの発生時期)
発生部位 — 葉
類別 ——— ウイルスによる伝染性の病気

葉に緑色の濃淡のあるモザイク状の斑が入ったり、葉が萎縮、小型化します。キュウリモザイクウイルスが原因で、ワタアブラムシやモモアカアブラムシなどによって媒介されます。アブラムシが汁を吸う際に植物の中のウイルスが体内に入り、ウイルスを保毒したアブラムシが健全な株の汁を吸うと伝染します。高温乾燥でアブラムシが増えると発生しやすく、発病したら治療できないので、アブラムシの防除を徹底します。なお、この病気は種子や土壌では伝染しません。

薬剤を使う前に
発病株は抜き取って処分します。寒冷紗で株を覆ったり、光反射マルチを敷いてアブラムシの飛来を防ぎます。窒素肥料を一度にやりすぎるとアブラムシの発生を促すので注意します。

薬剤を使うなら
モザイク病を治療する薬剤はありません。アブラムシの発生初期にベニカ水溶剤、ベニカベジフルスプレー、ダントツ水溶剤を散布します。自然派薬剤なら、ベニカナチュラルスプレー、ベニカマイルドスプレー、アーリーセーフ、ロハピ、エコピタ液剤を、むらなく丁寧に散布します。

モザイク病が発生しやすい野菜類
カブ、コマツナ、ダイコンなどのアブラナ科野菜、ジャガイモ、シュンギク、ホウレンソウ、ミツバなど

＊下線がある薬剤は生産者向けとして農協(JA)などで入手できる(同類名称薬剤は、家庭園芸用と適用が異なる場合もある)。

ミント類 ■シソ科

・・・ 葉菜類・ハーブの病害虫と防除

うどんこ病 ●葉に白い粉をまぶしたようなカビがついた

発生時期 ― 5～11月
発生部位 ― 葉
類別 ――― カビ(糸状菌)による伝染性の病気

葉に小麦粉をまぶしたような白いカビが生えます。カビ(糸状菌)が原因で、病気が進行すると葉全体が白く覆われ、後に被害部分は黄色く変色します。雨が少なく曇りの日が続き、やや乾燥ぎみで、昼と夜の温度差が大きいと発生します。また、窒素肥料をやりすぎて葉が茂りすぎたり、密植した場合や、日当たり、風通しが悪いベランダや日陰の栽培では発生が促されます。葉の上に胞子ができて風で飛散し、周囲に伝染します。

カビが原因

発生初期に、うっすらと斑点状にカビがついた葉。

🌱 **薬剤を使う前に** 十分に間隔をとって植え付け、繁茂しすぎた茎葉を取り除き、風通し、日当たりをよくします。被害を受けた葉や植物の残渣は早めに取り除いて伝染源を断ちます。窒素肥料を一度にやりすぎると発生が促されるので注意します。

🔫 **薬剤を使うなら** 発生前～発生初期(白色のカビがうっすらと現れたとき)に、自然派薬剤の**ベニカナチュラルスプレー**、**ベニカマイルドスプレー**、**家庭園芸用カリグリーン**、**アーリーセーフ**、**やさお酢**、**エコピタ液剤**を植物全体にむらなく丁寧に散布します。適用のある化学合成薬剤はありません。

発生しやすい野菜類

イチゴ、オクラ、カボチャ、キュウリ、サヤインゲン、サヤエンドウ、ナス、ニンジン、パセリ、ピーマン、ミント類、メロンなど

ヨトウガ(ヨトウムシ) ●葉が半透明のかすり状になり、緑色のイモムシがいる

葉を食害する若い幼虫。

これが原因

葉の上の幼虫。食害量も多く、夜間活動するため見つけにくい。

葉の上の成熟した幼虫(写真はキャベツ)。

発生しやすい野菜類

イチゴ、キャベツ、キュウリ、ダイコン、トマト、ナス、ハクサイ、ブロッコリー、ホウレンソウ、ミント類、レタスなど

■Data
発生時期 ― 4～6月、9～11月
発生部位 ― 葉
類別 ――― ガの仲間。食害性害虫

葉が葉表を残してかすり状になり、葉裏に幼虫が群生します。ヨトウムシ(夜盗虫)とも呼ばれ、年2回発生します。ミントなどのハーブや野菜など広範囲の植物を食害します。卵は葉裏に産卵され、孵化した幼虫は葉裏に群生し葉表を残して食害するため、被害葉はかすり状になります。幼虫は成長すると分散し、褐色で大きいと4cmになり、葉脈を残して丸裸になることもあります。主に夜行性で、昼は葉裏や土の中に隠れているため、被害が進んでも見つかりにくいです。

🌱 **薬剤を使う前に** かすり状になった葉裏に群生する幼虫や卵塊を見つけたら葉ごと取り除きます。幼虫が成長して分散し、被害が進んでも発見しにくい場合は、株元の土の中や落ち葉の下などを探し、見つけ次第捕殺します。寒冷紗で株を覆って成虫の産卵を防ぎます。

🔫 **薬剤を使うなら** 幼虫が成長して大きくなると効果が低下するため、発生初期に自然派薬剤の**STゼンターリ顆粒水和剤**、**ゼンターリ顆粒水和剤**を葉裏や株元にもかかるように散布します。適用がある化学合成薬剤はありません。

レタス ■キク科

タイワンヒゲナガアブラムシ　●葉や新芽、茎に暗赤褐色で光沢ある小さな虫がつく

Data
発生時期 ── 4〜11月
発生部位 ── 葉、芽、茎
類別 ─────── 群生する吸汁性害虫

葉や新芽、茎に3〜3.5mmの暗赤褐色で光沢ある小さな虫がつきます。キク科野菜に寄生し、植物の汁を吸って生育を阻害します。葉についた排泄物がすす病を発生させたり、モザイク病のウイルスを媒介するなど厄介な害虫です。特に気温が低下する10月以降に発生が増加します。繁殖が旺盛で葉に群生しますが、生息密度が高まると翅がある虫が現れて周囲に移動して被害を広げます。暖冬で雨が少ない年は発生が多くなります。

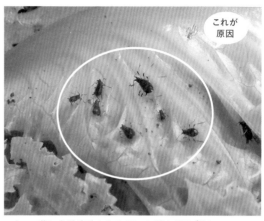
これが原因
レタスの葉に多数寄生したタイワンヒゲナガアブラムシ。

発生しやすい野菜類

アーティチョーク、ゴボウ、シュンギク、フキ、
ヤーコン、レタスなどのキク科野菜

薬剤を使う前に　見つけ次第潰して退治します。きらきらする光を嫌う習性を利用して、定植前にシルバーマルチを敷くと成虫の飛来を抑えられます。窒素肥料のやりすぎは発生を促すので注意します。風通しをよくし、周辺の除草を徹底します。

薬剤を使うなら　定植時にモスピラン粒剤を株元に散布します。発生初期にベニカXネクストスプレー、ベニカ水溶剤、ダントツ水溶剤、スターガードプラスALを、自然派薬剤ではベニカナチュラルスプレー、ベニカマイルドスプレー、アーリーセーフ、ピュアベニカ、エコピタ液剤を丁寧に散布します。

ヨトウガ（ヨトウムシ）　●葉に穴があいて、葉の上に糞がある

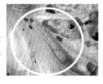
葉を食害する若い幼虫。
これが原因

成熟した幼虫。摂食量も多く、夜行性（写真はハクサイ）。

葉の上の茶色い糞。発生サインとして早期発見に役立てたい。

被害が進むと…
食害されてぼろぼろになったレタスの葉。

Data
発生時期 ── 4〜6月、9〜11月
発生部位 ── 葉
類別 ─────── ガの仲間。食害性害虫

葉が食害されて穴があいたり、葉の上に糞があります。年2回発生し、秋冬野菜ではレタスのほか、ハクサイ、キャベツ、カブなどアブラナ科野菜を中心に食害します。卵は葉裏に産卵され、孵化した幼虫は葉裏に群生し葉表を残して食害するため、被害葉はかすり状になります。幼虫は成長すると分散し、褐色で大きいと約4cmになり摂食量も多く、放置すると株が食べつくされます。幼虫は夜行性なので昼は見つけにくいです。土の中で蛹になって越冬します。

薬剤を使う前に　幼虫を見つけたら捕殺します。幼虫が成長して分散し、被害が進んでも見つけにくい場合は、株元の土の中や落ち葉の下などを探して捕殺します。

薬剤を使うなら　幼虫が大きくなると効果が低下するため、発生初期にベニカAスプレー、ベニカS乳剤、家庭園芸用GFオルトラン水和剤、アディオン乳剤を、自然派薬剤ならSTゼンターリ顆粒水和剤、ゼンターリ顆粒水和剤を株元にもかかるように株全体に散布します。

発生しやすい野菜類

イチゴ、カブ、キャベツ、キュウリ、サツマイモ、サヤインゲン、
サヤエンドウ、ジャガイモ、ダイコン、トマト、ナス、ニンジン、ネギ、
ハクサイ、ブロッコリー、ホウレンソウ、レタスなど

＊下線がある薬剤は生産者向けとして農協（JA）などで入手できる（同類名称薬剤は、家庭園芸用と適用が異なる場合もある）。

灰色かび病 (はいいろかびびょう) ●葉に淡褐色の病斑ができ、褐色に腐敗する

Data
発生時期 ── 5〜7月(多湿時に多発する)
発生部位 ── 葉
類別 ──── カビ(糸状菌)による伝染性の病気

葉に淡褐色の病斑が現れ、多湿条件では急速に病斑が拡大して褐色に腐敗します。ボトリチス病とも呼ばれ、病原菌の生育適温は20℃前後で、冷涼で雨や曇天が続く多湿時に発生しやすく、胞子が風などで飛散し周囲に伝染。湿気がないと被害部分には灰色のカビが生えます。レタスの葉が腐る病害には軟腐病がありますが、灰色かび病では軟腐病のような腐敗臭はありません。水はけの悪い畑で発生しやすく、密植で窒素肥料が多すぎると発病が促されます。

🌱 **薬剤を使う前に** 日頃の管理を徹底して丈夫に育てます。排水のよい土壌で高畝にして苗を定植し、日当たりや風通しをよくして栽培します。被害株や落ち葉は早めに処分して伝染源を断ちます。窒素肥料のやりすぎは発生を促すので注意します。

🧴 **薬剤を使うなら** 発生初期にGFベンレート水和剤、アミスター20フロアブル、自然派薬剤なら家庭園芸用カリグリーン、重曹スプレー容器付、カリグリーンをむらなく丁寧に散布します。

カビが原因
被害を受けて、結球部に灰色のカビが生えた。　S.Yoneyama

発生しやすい野菜類

イチゴ、オクラ、キュウリ、サヤインゲン、サヤエンドウ、ズッキーニ、タマネギ、トマト、ミニトマト、ナス、ピーマン、レタスなど

軟腐病 (なんぷびょう) ●株元が腐敗し、軟らかくなって臭い

Data
発生時期 ── 5〜11月
発生部位 ── 葉
類別 ──── 細菌による伝染性の病気

株元があめ色に水がしみたようになって腐敗し、軟らかくなって悪臭がします。細菌が原因のレタスの主要病害で、発病すると葉がしおれ、被害が進むと株が腐敗してべとべとになって枯れます。夏から秋に雨が多いと発生しやすく、特に台風の後に多発。土の中の病原菌は、根の周りや葉と地面が接触している部分で増殖し、降雨時に気孔や傷口、ヨトウムシなど食害性害虫の食害痕から侵入します。水はけが悪かったり、肥料を多くやりすぎると発病が促されます。

🌱 **薬剤を使う前に** 連作を避け、マメ科やイネ科野菜と輪作します。畝を高くして排水をよくし、苗を傷つけないように植え付けます。寒冷紗や防虫ネットでヨトウムシなどガの産卵を防ぎます。肥料のやりすぎに気をつけ、発病した株は周りの土ごと取り除きます。除草を徹底し、収穫後は残渣を残さず清掃します。

🧴 **薬剤を使うなら** 発病すると治療はできないので、大雨や台風の後にはすみやかにスターナ水和剤を、自然派薬剤ではZボルドーを、株全体に散布して予防します。

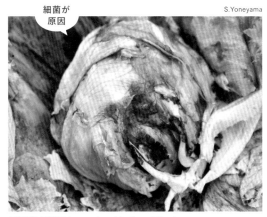
細菌が原因　S.Yoneyama
結球部が腐敗し、べとべとになって腐った。

発生しやすい野菜類

カブ、キャベツ、キュウリ、ジャガイモ、セルリー、ダイコン、タマネギ、トウガラシ、トマト、ナス、ニラ、ニンジン、ハクサイ、パセリ、ピーマン、ブロッコリー、レタスなど

ルッコラ ■アブラナ科

ハモグリバエ類　●葉に曲がりくねった白い線ができる

Data

発生時期 — 3～11月
発生部位 — 葉
類別 ——— 葉の中に潜入する食害性害虫

葉面に曲がりくねった白い線が現れます。通称エカキムシと呼ばれるルッコラの主要害虫で、ハーブをはじめ野菜から雑草まで広範囲の植物に寄生します。成虫（体長約2mmの小さなハエ）が葉の中に産卵し、孵化した幼虫は葉表と葉裏を残して葉肉を食害して進み、葉の中で蛹になります。被害部分は半透明になって生育が阻害されます。春から秋にかけて何度も発生を繰り返し、発生が多い場合は葉全体が真っ白くなり、枯死する場合もあります。

白い線

葉に、描いたように曲がりくねった線ができた。

🌱 **薬剤を使う前に**　日頃から植物をよく見て葉に白い線が現れたら、できるだけ早く白線の先端部分にいる幼虫や蛹を指で押し潰すか、被害が多い場合は葉ごと切って処分します。

🧴 **薬剤を使うなら**　発生初期に**アファーム乳剤**か、自然派薬剤の**スピノエース顆粒水和剤**を、株全体に散布します。

発生しやすい野菜類

カモミール、クレソン、ポットマリーゴールド、マジョラム、ミント類（オーデコロンミント、オレンジミントなど）、ルッコラなど

キスジノミハムシ　●幼苗の葉に小さな穴がたくさんあく

葉の成長にともなって大小の穴が拡大した。

これが原因

葉に寄生した成虫（写真はコマツナ）。

被害が進むと…

発芽したばかりの幼苗が被害を受けて穴だらけになった（写真はコマツナ）。

Data

発生時期 — 4～10月
発生部位 — 葉、根
類別 ——— 甲虫の仲間。食害性害虫

アブラナ科の野菜や雑草に寄生する甲虫の仲間で、体色が黒色で背中に黄色い帯状の斑紋がある、約3mmの成虫が葉を食害します。年3～5回発生し、ルッコラ、コマツナ、ダイコン、カブ、チンゲンサイなどをタネまきした後、本葉が出はじめる頃に飛来し、葉裏から食害して多くの小斑点をつけます。斑点は葉が大きくなると拡大し、大小不規則な穴になります。アブラナ科野菜を連作した場合や、夏が高温で雨が少ないと発生が増え、被害が多いと葉が穴だらけになります。

🌱 **薬剤を使う前に**　アブラナ科野菜の連作を避け、生息場所になる周辺の雑草を取り除きます。タネまきの後は不織布や寒冷紗で畝を覆い、成虫の飛来を防ぎます。なお、これらの資材で覆う場合は、土との間に隙間ができないように十分注意します。

🧴 **薬剤を使うなら**　発生初期に**スタークル顆粒水溶剤**を散布します。適用のある自然派薬剤はありません。

発生しやすい野菜類

カブ、コマツナ、ダイコン、チンゲンサイ、ナバナ、ルッコラなどのアブラナ科野菜

＊下線がある薬剤は生産者向けとして農協（JA）などで入手できる（同類名称薬剤は、家庭園芸用と適用が異なる場合もある）。

ローズマリー ■シソ科

ハダニ類 ●葉に白い小斑点がつき、葉裏に微小な虫がいる

被害を受けて多くの白い小斑点がついた葉。

被害を受けて葉が内側に湾曲してしまった。

これが原因
ハダニの成虫（顕微鏡写真）。

被害が進むと…

株全体が被害を受け、葉が色褪せてしまった。

Data

発生時期 —— 5〜10月
発生部位 —— 葉裏
類別 —————— クモの仲間。吸汁性害虫

葉に白い小斑点がつき、葉裏に約0.5mmの微小な黄緑色や暗赤色の虫がいます。繁殖が旺盛で高温乾燥を好み、とくに梅雨明け以降の被害が目立ちます。ローズマリーでは葉が内側に巻き込むこともあります。卵は約10日で成虫になるため、気づかないうちに被害が拡大します。多発すると葉は変色し、生育が妨げられます。被害部分にクモの巣状の網を張ることもあります。風にのって運ばれたり、周囲の植物から歩行して移動してきます。成虫で越冬します。

発生しやすい野菜類

カモミール、シソ、セージ、ローズマリーなど

薬剤を使う前に 株元にマルチングし、乾燥しすぎないよう適度に水やりします。葉裏に虫がいないかよく確認します。葉裏に葉水すると繁殖を抑えられます。密植を避けて風通しよくします。

薬剤を使うなら 被害が進むと防除効果が低下するため、発生初期に、自然派薬剤ならベニカナチュラルスプレー、ベニカマイルドスプレー、アーリーセーフ、ピュアベニカ、カダンセーフ、エコピタ液剤を、葉裏を中心に丁寧に散布します。

うどんこ病 ●葉に白い粉をまぶしたようなカビがついた

Data

発生時期 —— 5〜11月
発生部位 —— 葉
類別 —————— カビ（糸状菌）による伝染性の病気

葉に小麦粉をまぶしたような白いカビが生えます。カビ（糸状菌）が原因で、病気が進行すると葉全体が白く覆われ、やがて被害部分は黄色く変色します。雨が少なく曇りの日が続き、やや乾燥ぎみで、昼と夜の温度差が大きいと発生します。また、窒素肥料を一度にやりすぎて葉が茂りすぎたり、密植した場合や、日当たり、風通しが悪いベランダや日陰での栽培では発生が促されます。葉の上に胞子ができて風で飛散し、周囲に伝染します

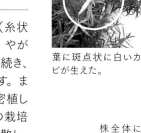

カビが原因
葉に斑点状に白いカビが生えた。

株全体に被害が広がってきた。

薬剤を使う前に 十分に間隔をとって植え付け、適宜、繁茂しすぎた茎葉を取り除き、風通し、日当たりをよくします。被害を受けた葉、植物の残渣は早めに取り除いて伝染源を断ちます。窒素肥料を一度にやりすぎると発生が促されるので注意します。

薬剤を使うなら 被害が進むと防除効果が低下するため発生前〜発生初期（白色のカビがうっすらと現れたとき）に自然派薬剤ならベニカナチュラルスプレー、ベニカマイルドスプレー、家庭園芸用カリグリーン、アーリーセーフ、ピュアベニカ、カダンセーフ、エコピタ液剤を植物全体にむらなく丁寧に散布します。

発生しやすい野菜類

イチゴ、サヤインゲン、オクラ、カボチャ、キュウリ、サヤエンドウ、ナス、ニンジン、パセリ、ピーマン、ミント類、メロン、ローズマリーなど

カモミール ■キク科

うどんこ病　●葉に小麦粉をまぶしたような白いカビが生える

Data
発生時期 ── 5〜10月
発生部位 ── 葉、茎
類別 ────── カビ(糸状菌)による伝染性の病気

葉に小麦粉をまぶしたような白いカビが生えます。カビ(糸状菌)が原因で、病気が進行すると葉全体が白く覆われ、やがて被害部分は黄色く変色します。雨が少なく曇りの日が続き、やや乾燥ぎみで、昼と夜の温度差が大きいと発生します。また、窒素肥料をやりすぎて葉が茂りすぎたり、密植した場合や、日当たり、風通しが悪いベランダや日陰での栽培では発生が促されます。葉の上に胞子ができて風で飛散し、周囲に伝染します。

葉が白くなった

葉の全体が粉をかけたように真っ白くなった。

カビが原因

茎についた白いカビ。

薬剤を使う前に
十分な間隔をとって植え付け、繁茂しすぎないように適宜剪定し、風通しをよくします。被害を受けた葉、落ち葉は早めに取り除いて伝染源を断ちます。窒素肥料を一度にやりすぎると発生が促されます。

薬剤を使うなら
発生前〜発生初期(白色のカビがうっすらと現れたとき)に自然派薬剤ならベニカナチュラルスプレー、ベニカマイルドスプレー、アーリーセーフ、家庭園芸用カリグリーン、カダンセーフ、やさお酢、エコピタ液剤を、植物全体にむらなく丁寧に散布します。

発生しやすい野菜類

カモミール、カラシナ、ソープワート、ディル、ナスタチウム、ポットマリーゴールド、ミント類など

Column 1

ハーブ、薬用作物には「野菜類」の登録がある薬剤を

ハーブや薬用作物は比較的病害虫に強く、育てやすいものがほとんどですが、発生してしまった場合は防除方法に悩む人が多いのではないでしょうか。いざという場合は薬剤を上手に利用して、手遅れになる前に対処することもできます。

　以前はハーブや薬用作物に登録がある薬剤が少なかったのですが、安全志向の高まりとともに天然成分や食品などを有効成分とする薬剤に「野菜類」の登録があるものが増え、ハーブや薬用作物を含む野菜類に広く使えるようになってきました。これらの薬剤を利用してハーブ栽培を楽しみましょう。

パセリに寄生したキアゲハの幼虫。

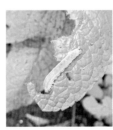
ヨトウガの被害を受けたミント類。

うどんこ病にかかったミント類。

ハダニが寄生して黄色くなったシソの葉。

[野菜類に適用のある自然派薬剤の例]

ベニカ
ナチュラルスプレー

食品成分と天然成分で、アブラムシ、ハダニ、ヨトウムシ、うどんこ病などにしっかり効く。

STゼンターリ
顆粒水和剤

自然界にいる有用微生物(*B.t.*菌)が作る成分を使用。アオムシ、コナガ、ヨトウムシなどに。

＊下線がある薬剤は生産者向けとして農協(JA)などで入手できる(同類名称薬剤は、家庭園芸用と適用が異なる場合もある)。

4章

根菜類の
病害虫と防除

ジャガイモやサツマイモに代表される根菜類は、

比較的手軽に作れるため、人気があります。

土の中に生息する病害虫は、

栽培中にわかりにくいものもあるので、

栽培前からかかりやすい

病気や害虫の知識をもち、

健全に育つように

環境を整えておくとよいでしょう。

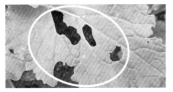

カブ ■アブラナ科

ニホンカブラハバチ ●葉の上や茎に黒くてしわがあるイモムシがいる

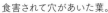

食害されて穴があいた葉。

これが原因
葉を食害する幼虫。

これが成虫
葉の上にいる成虫。

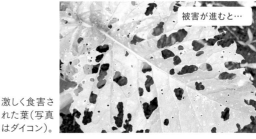

被害が進むと…
激しく食害された葉(写真はダイコン)。

Data
発生時期 ── 5〜6月、10〜11月
発生部位 ── 葉
類別 ──── ハチの仲間。食害性害虫

葉の上や茎に黒色で体の表面にしわがあるイモムシがいます。5〜6月と10〜11月の年2回発生するハチの仲間の幼虫で、主にアブラナ科の野菜の葉を食害します。アブラナ科野菜を食害する緑色のアオムシとともに家庭菜園で発生が多い害虫です。幼虫は成長すると1.5〜2cmになり、葉が激しく食べられて丸裸になることもあります。風通しが悪い場所で軟弱に育った株ほど食害されやすい傾向があります。なお、カブラハバチはハチの仲間ですが、成虫は人を刺しません。

発生しやすい野菜類

カブ、クレソン、コマツナ、ダイコンなど

薬剤を使う前に　幼虫や成虫を見つけたらすみやかに捕殺します。幼虫は触るとたやすく地面に落ちる習性があり、捕殺するには葉の下に紙を差し入れて捕まえます。株間を確保し、通風しをよくします。

薬剤を使うなら　発生初期に**サンケイマラソン乳剤**を散布します。適用のある自然派薬剤はありません。

ニセダイコンアブラムシ ●暗緑色で白い粉で薄く覆われた小さな虫がつく

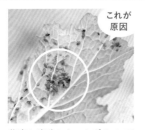

発生しやすい野菜類

カブ、コマツナ、ダイコン、チンゲンサイ、ナバナ、ハクサイ、ブロッコリーなどのアブラナ科野菜

葉表にびっしりと群生した。

これが原因
葉裏に寄生したニセダイコンアブラムシ。

成虫と幼虫が混在している状態(写真はブロッコリー)。

Data
発生時期 ── 一年中(特に秋期に多く発生)
発生部位 ── 新芽、葉
類別 ──── 群生する吸汁性害虫

暗緑色で体が白い粉で薄く覆われた、約2mmの虫が葉裏や新芽につきます。秋に発生が多く、カブなどのアブラナ科野菜や雑草に寄生し、植物の汁を吸って生育を阻害。すす病を発生させたり、モザイク病のウイルスを媒介します。繁殖が旺盛で、9月下旬頃には密度が高くなって群生するようになります。寒冷地では晩秋に産卵し、卵で越冬しますが、暖地では幼虫や成虫がそのまま作物や雑草の上で越冬します。暖冬で雨が少ない年は発生が多くなります。

薬剤を使う前に　見つけ次第潰して退治します。きらきらする光を嫌う習性を利用して、シルバーマルチを敷いて成虫の飛来を防ぎます。窒素肥料のやりすぎは発生を促すので注意します。冬期を含めて、周辺の除草を徹底します。

薬剤を使うなら　発生初期に、**家庭園芸用GFオルトラン粒剤**、**ジェイエース粒剤**を株元に散布します。または、**家庭園芸用マラソン乳剤**、**サンケイマラソン乳剤**を、自然派薬剤ならベニカナチュラルスプレー、ベニカマイルドスプレー、アーリーセーフ、ピュアベニカ、カダンセーフ、エコピタ液剤を丁寧に散布します。

　＊下線がある薬剤は生産者向けとして農協(JA)などで入手できる(同類名称薬剤は、家庭園芸用と適用が異なる場合もある)。

白さび病 (しろさびびょう) ●葉の裏に乳白色で隆起した斑点ができる

Data
発生時期 — 3～6月、10～11月
発生部位 — 葉
類別 ——— カビ(糸状菌)による伝染性の病気

葉表に淡黄色の不透明な斑点がつき、葉裏に乳白色でやや隆起した斑点ができます。葉裏の斑点が破れ、白色で粉状の胞子が周囲に飛散して伝染します。多発すると葉全体が斑点で覆われ、黄色く変色して枯死します。春に雨が続いて湿度が高く、密植して風通しが悪いと発生が増えます。

発生しやすい野菜類

カブ、ダイコン、チンゲンサイ、ハクサイなどのアブラナ科野菜

葉の表
葉の表に、淡黄色の斑点がついた。

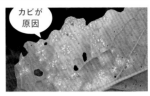
カビが原因
葉の裏を見ると、乳白色の斑点がついている。

🌱 薬剤を使う前に　発病葉や落ち葉は早めに除去し、ほかの株に伝染しないようにします。株間を確保して風通しをよくします。毎年発生する畑ではアブラナ科野菜の連作を避け、違う科の野菜と輪作します。

💊 薬剤を使うなら　発生が進むと防除効果が低いので、発生初期に**ランマンフロアブル**を植物全体にむらなく散布します。適用のある自然派薬剤はありません。

苗立枯病 (なえたちがれびょう) ●発芽直後や定植後すぐの苗が倒れる

Data
発生時期 — 3～11月
発生部位 — 葉、茎、根
類別 ——— カビ(糸状菌)による伝染性の病気

発芽直後の苗や、本葉が2～3枚までの幼苗、生育初期の苗の地際から下が褐変し、細くくびれて腐敗して倒れます。根は水がしみたように褐色になります。土の中の病原菌(生育適温は30℃)が原因で、水はけが悪い土壌で起こりやすく、夏に雨が多くて湿度が高い年に多発します。

発生しやすい野菜類

カブ、オクラ、キャベツ、キュウリ、コマツナ、タマネギ、トマト、ナス、ネギ、ピーマンなど

🌱 薬剤を使う前に　土壌改良して水はけをよくし、畝を立てて育てます。連作を避け、発病しやすい他の野菜のタネまきや植え付けも避けます。密植だと発生しやすいので適宜間引きを行います。水のやりすぎに注意します。

💊 薬剤を使うなら　タネまき前に、**サンケイオーソサイド水和剤80**、**オーソサイド水和剤80**を種子にまぶしてからまきます。適用のある自然派薬剤はありません。

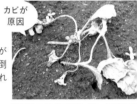
カビが原因
地際の茎が侵されて倒れ、しおれた苗。

苗の地際から下が、細くくびれてしおれた。

アオムシ (モンシロチョウ) ●葉に穴があき、緑色で細かい毛のある虫がいる

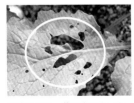
食害されて、葉に穴があいた。

これが原因　葉の上にいる幼虫。

Data
発生時期 — 4～6月、9～11月
発生部位 — 葉
類別 ——— チョウの仲間。食害性害虫

葉に穴をあけ、緑色で細かい毛のある虫がいます。モンシロチョウの幼虫で、主にアブラナ科の野菜に寄生。3月に羽化したチョウが葉裏に1個ずつ徳利形の卵を産み、幼虫が葉を食害します。幼虫は約3cmになり、関東以西では5～6月と9月の被害が目立ち、寒冷地は夏に多発します。

発生しやすい野菜類

カブ、カリフラワー、キャベツ、コマツナ、ダイコン、チンゲンサイ、ハクサイ、ブロッコリー、ルッコラなど

🌱 薬剤を使う前に　成虫が飛んでいれば産卵後、孵化して発生する可能性があります。日頃から葉裏、葉表をよく確認し、卵や幼虫を見つけたら捕殺します。株全体を寒冷紗で覆って成虫の産卵を防ぎます。

💊 薬剤を使うなら　発生初期に**サンケイマラソン乳剤**を散布します。自然派薬剤なら**STゼンターリ顆粒水和剤**、**ゼンターリ顆粒水和剤**を、葉裏に薬剤が十分かかるようむらなく丁寧に散布します。

ゴボウ ■キク科

ゴボウヒゲナガアブラムシ ●葉裏に体長3〜3.5mmの黒褐色の虫が群生する

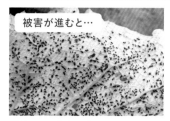
被害が進むと…
群生して、葉裏が真っ黒になった。

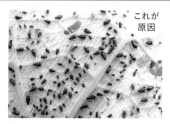
これが原因
葉裏のよう す。黒褐色の小さな虫は幼虫。

翅をもった成虫。

Data
発生時期 —— 4〜11月
発生部位 —— 葉、葉柄
類別 —————— 群生する吸汁性害虫

葉裏に体長3〜3.5mmの黒褐色の虫が群生します。野菜ではゴボウにのみ発生するアブラムシで、繁殖が旺盛で寄生した部位の汁を吸って生育を阻害するほか、モザイク病のウイルスを媒介するなどさまざまな害を与えます。6〜7月と9〜10月に目立ちますが、多く発生すると、葉裏が群生した虫で真っ黒になり、葉が巻き込んで十分に展開できず、株も著しく衰えます。温暖地では成虫や幼虫で越冬します。暖冬で気温が高く雨が少ない年は発生が増えます。

薬剤を使う前に
見つけ次第、潰して退治します。密植を避けて株間を十分確保し、風通しをよくします。窒素肥料を一度にやりすぎると発生が促されるので注意します。

薬剤を使うなら
発生初期にベニカベジフル乳剤、<u>住化スミチオン乳剤</u>を、自然派薬剤ならベニカナチュラルスプレー、ベニカマイルドスプレー、アーリーセーフ、カダンセーフ、やさお酢、<u>エコピタ液剤</u>を、葉裏にかかるように丁寧に十分に散布します。

発生しやすい野菜類
ゴボウのみに発生します。

アワダチソウグンバイ ●葉に黄白色の斑紋がつき、白くかすり状になる

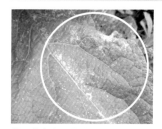
葉に黄白色の斑紋がついて、かすり状になった葉。

被害が進むと…
葉全体が被害を受け、褐色部分が広がった。

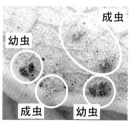
成虫
幼虫
成虫
幼虫

葉裏についたタール状の排泄物(写真はヒマワリ)。

Data
発生時期 —— 6〜10月
発生部位 —— 葉
類別 —————— 葉裏に群生する吸汁性害虫

葉に黄白色の斑紋がつき、緑色が抜けて白くかすり状になります。2000年に国内で初めて確認された北米からの侵入害虫で、ゴボウなどキク科の野菜やサツマイモ、ナスなどに寄生。軍配によく似た形の翅をもつ、約3mmの成虫が葉裏から汁を吸い、タール状の排泄物を残します。特に7月から8月に多く、放っておくと葉全体が黄白色に変色し、枯れることがあります。卵は葉裏の葉脈近くに産卵され、約2mmの紡錘形で光沢がある黄褐色の幼虫も同様に吸汁加害します。

薬剤を使う前に
黄白色の斑紋が現れたら葉裏に生息する成虫や幼虫を潰して退治します。セイタカアワダチソウなどキク科雑草に寄生するため、周辺の除草を徹底します。ただし、成虫が発生する時期は、刈り取りによって栽培植物へ成虫を移動させる可能性があるため、除草作業は栽培を始める前に行います。キク科雑草で越冬するため、冬にも除草します。

薬剤を使うなら
ゴボウのアワダチソウグンバイに適用のある薬剤はありません。

発生しやすい野菜類
ゴボウなどのキク科野菜、サツマイモ、ナスなど
参考／オオアレチノギク、セイタカアワダチソウ、ブタクサ、ヨモギなどのキク科雑草

＊下線がある薬剤は生産者向けとして農協(JA)などで入手できる(同類名称薬剤は、家庭園芸用と適用が異なる場合もある)。

サツマイモ ■ヒルガオ科

ナカジロシタバ ●葉に穴があいてイモムシが激しく食害する

Data

発生時期 — 5〜10月
発生部位 — 葉
類別 ——— ヤガの仲間。食害性害虫

葉に穴があいて幼虫が葉を激しく食害します。ヤガの仲間の主要害虫で関東以西では年3回発生します。卵は葉裏に400〜500個産卵され、孵化した幼虫が葉を食べます。若い幼虫はつるの先端の若い葉に小さな穴をあける程度ですが、成熟すると体長4〜5cmになり摂食量も多くなるため、葉脈を残して葉をすべて食いつくされることもあります。多く発生すると葉面積が減り、イモの収穫量が減少します。成熟幼虫が土の中で蛹の前の状態（前蛹）で越冬します。

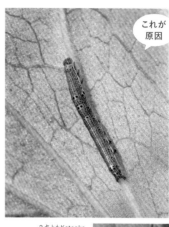

これが原因

葉裏に寄生した幼虫。

2点ともKataoka

幼虫は成熟すると体長4〜5cmになる。

発生しやすい野菜類

サツマイモのみに発生します。

🌱 **薬剤を使う前に**　つるの先端の葉が食害されて小さな穴があいていたら、若い幼虫を見つけて捕殺します。

🧴 **薬剤を使うなら**　成長して大きくなると効果が劣るため、発生初期に**アースガーデンT**、**プレオフロアブル**を植物全体に散布します。適用のある自然派薬剤はありません。

ドウガネブイブイ ●甲虫が葉を食害し、幼虫がイモを浅くかじる

Data

発生時期 — 7〜10月
発生部位 — 葉（成虫）、イモ（幼虫）
類別 ——— 甲虫の仲間。食害性害虫

20〜24mmで大型のコガネムシ成虫によって、葉に穴があいたり網の目になるまで食べられます。年1回発生する食害性害虫で、広範囲の植物に被害を与えます。卵は7月中旬〜8月に土の中に産卵され、孵化した乳白色の幼虫はイモの表面を浅くかじって食害します。幼虫は成長すると約40mmになり摂食量も多いため、被害が大きいとネズミがかじったように大きな食害痕がつきます。成虫は周囲から飛来するので、防除しにくい害虫です。

かじられたような被害痕

食害されて、側面になめり症状が現れたサツマイモ。

Takioka

🌱 **薬剤を使う前に**　発生時期に周辺植物も含めて成虫を見つけ次第捕殺し、生息数を減らします。腐葉や未熟堆肥など有機物を多く混入した用土には成虫が好んで産卵します。また、砂系土壌でも発生が促されるので注意します。

🧴 **薬剤を使うなら**　幼虫対策には、植え付け前に**家庭園芸用サンケイダイアジノン粒剤3**、**ダイアジノン粒剤3**、**ダントツ粒剤**を土壌に混和します。適用のある自然派薬剤はありません。

発生しやすい野菜類

イチゴ、エダマメ、カボチャ、キャベツ、キュウリ、ゴボウ、サツマイモ、ダイコン、タマネギ、トマト、ナス、ネギ、ハクサイ、ピーマン、ホウレンソウ、メロン、ラッカセイなど

ジャガイモ ■ナス科

そうか病　●イモの表面に褐色のかさぶたができて、でこぼこになる

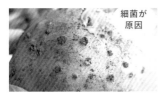
細菌が原因

表面に多くのかさぶたがついたイモ。

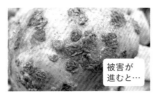
被害が進むと…

被害部の病斑が盛り上がった。

表面全体に網目状のヒビが入った。

Data
発生時期 —— 5～6月
発生部位 —— イモ
類別 ———— 細菌による伝染性の病気

イモの表面に褐色のかさぶたができて、でこぼこになります。細菌が原因で、収穫してはじめて気づき、被害が大きいとデンプン含量が著しく低下することがあります。若いイモがかかりやすく、病原菌の違いによって、被害部が盛り上がったり、深くめりこんだり、網目状のヒビが入ったりします。土壌が中性～アルカリ性で乾燥していると発生しやすいため、イモが肥大する時期は十分に水やりします。また、一度発生した畑は長期間病原菌が生存し続けます。

発生しやすい野菜類
ジャガイモのみに発生します。

薬剤を使う前に　アルカリ性土壌は発生を促すので、植え付け前に苦土石灰など石灰類の散布は、必要な場合以外には行わないようにします。病原菌が長期間生存し感染を高めるので、連作は避けます。アイノアカ、春あかりなどの耐病性品種を選び、水はけのよい場所に健全なタネイモを購入して植え付けます。

薬剤を使うなら　タネイモの植え付け前に、**石原フロンサイド粉剤**、**フロンサイド粉剤**を土壌全面に散布し、深さ15cm程度までの土壌に混和してから植え付けます。適用のある自然派薬剤はありません。

ニジュウヤホシテントウ（テントウムシダマシ）　●葉が葉脈を残して網目状になり、テントウムシに似た虫がいる

葉が網の目状に食べられている。

これが原因

葉の上に寄生した成虫。

葉裏に寄生した幼虫。

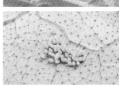
葉裏に産みつけられた卵塊。

Data
発生時期 —— 5～10月
発生部位 —— 葉
類別 ———— 甲虫の仲間。食害性害虫

葉が葉脈を残して網の目状になり、赤褐色の体に多くの黒い斑点がある虫がいます。テントウムシダマシとも呼ばれるナス科野菜の主要害虫で、年2～3回発生し、成虫や体に枝分かれした多数のとげをもつ幼虫が葉裏から食害し、被害が進むと株の生育が抑えられ、収量も減少します。成虫は葉裏に産卵し、孵化したばかりの幼虫は群生して食害しますが後に分散し、蛹を経て再び成虫が現れます。落ち葉の下や樹皮の割れ目などで、成虫で越冬します。

発生しやすい野菜類
キュウリ、サヤインゲン、ジャガイモ、トウガラシ、トマト、ナス、ピーマンなど

薬剤を使う前に　日頃から植物をよく確認し、成虫や幼虫、卵塊を見つけ次第、捕殺します。収穫後の植物の残渣は早めに処分し、冬は越冬場所になる落ち葉の除去など畑の清掃を心がけます。

薬剤を使うなら　成虫、幼虫の発生初期に**ベニカベジフルスプレー**、**ベニカ水溶剤**、家庭園芸用スミチオン乳剤、**ダントツ水溶剤**を、葉裏にもよくかかるようにむらなく散布します。特に幼虫には、分散する前の群生している時期に散布すると効果的です。適用のある自然派薬剤はありません。

　＊下線がある薬剤は生産者向けとして農協（JA）などで入手できる（同類名称薬剤は、家庭園芸用と適用が異なる場合もある）。

疫病（えきびょう） ●葉に暗緑色の病斑ができてその病斑が扇状に広がった

Data
発生時期 —— 6～7月
発生部位 —— 葉、茎、イモ
類別 ———— カビ（糸状菌）による伝染性の病気

葉に暗緑色の病斑ができて扇状に広がり、曇天が続いて湿度が高いと、葉裏に白い霜状のカビが生えます。ジャガイモやトマトに大きな被害を及ぼす病気で、梅雨時に発生します。被害が進むとイモの表面が暗色になって、内部は褐色になり腐ります。水中を自由に泳げる遊走子（胞子の一種）が、降雨や灌水時に泥水とともにはね上がり、葉に侵入して病斑を作ります。土壌の排水が悪かったり、雨が続いて地表に水がたまっていると発生が促されます。

発生しやすい野菜類

ジャガイモ、トマト

カビが原因

発病してはっきりと病斑が現れた葉。

S.Yoneyama

🌱 **薬剤を使う前に** 発病した葉や茎、イモなど植物の残渣は早めに除去します。水はけのよい土地に、密植を避けて植え付けます。同様に発病するトマトの近くでは栽培を避けます。泥水のはね上がりを防ぐため、マルチングして予防します。

🧪 **薬剤を使うなら** 発生前からSTダコニール1000、ランマンフロアブルを、自然派薬剤ならサンボルドー、Zボルドーを、予防的に丁寧に植物全体に散布します。発生後は散布間隔を縮めて、集中散布を心がけます。近くにトマトがある場合は、同時に散布します。

ヨトウガ（ヨトウムシ） ●葉に穴があいて、葉裏に幼虫が群生する

これが原因

葉裏で食害している幼虫。

食害されて、葉に穴があいた。

葉の上で食害している幼虫。

葉裏に産みつけられた卵塊（写真はキャベツ）。

🌱 **薬剤を使う前に** 葉裏に群生する幼虫や卵塊を見つけたら葉ごと取り除きます。幼虫が成長して分散し、被害が進んでも発見しにくい場合は、株元の土の中、落ち葉の下などをよく確認し、見つけ次第捕殺します。

Data
発生時期 —— 4～6月、9～11月
発生部位 —— 葉
類別 ———— ガの仲間。食害性害虫

葉に穴があいて葉裏に幼虫が群生します。ヨトウムシ（夜盗虫）とも呼ばれる野菜の主要害虫で年2回発生します。卵は葉裏に産卵され、孵化した幼虫が葉を食べます。幼虫は成長すると体色が褐色になり、分散して食害しますが、昼は株元の土の中に潜って隠れ、夜活動するため、被害が進んでも見つけにくく厄介な害虫です。体長は成熟すると4cmにもなり摂食量も多いため、放置すると株が葉脈だけを残して丸裸になることもあります。土の中で蛹になって越冬します。

🧪 **薬剤を使うなら** 成長して大きくなると防除効果が低下するため、発生初期に家庭園芸用GFオルトラン水和剤、ジェイエース水溶剤を、自然派薬剤ならSTゼンターリ顆粒水和剤、ゼンターリ顆粒水和剤を、葉裏や株元にかかるように植物全体に散布します。

発生しやすい野菜類

イチゴ、エダマメ、キャベツ、キュウリ、サツマイモ、サヤインゲン、サヤエンドウ、ジャガイモ、ダイコン、トマト、ナス、ニンジン、ネギ、ハクサイ、ブロッコリー、ホウレンソウ、ミツバ、レタスなど

ダイコン ■アブラナ科

アオムシ（モンシロチョウ） ●葉に穴があき、緑色で細かい毛のある虫がいる

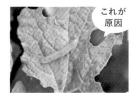

葉の上にいる幼虫。

食害されて、葉に穴があいた。

これが原因

葉裏に1個ずつ産みつけられた卵（写真はキャベツ）。

葉の上の蛹（写真はキャベツ）。

Data
発生時期 —— 4〜6月、9〜11月（寒冷地では夏に多く発生する）
発生部位 — 葉
類別 ——— チョウの仲間。食害性害虫

葉に穴をあけ、緑色で細かい毛のある虫がいます。モンシロチョウの幼虫で主にアブラナ科の野菜に寄生します。木の幹や家の壁などで越冬していた蛹が3月に羽化し、現れたチョウが葉裏に1個ずつ徳利形の卵を産み、幼虫が春期葉を食害します。幼虫は成長すると約3cmにもなり、放置すると葉脈を残して葉が食べつくされます。関東以西では5〜6月の被害が甚大で、盛夏期は減少し、9月頃から再び被害が増えます。

薬剤を使う前に 日頃から葉の裏表をよく確認し、卵や幼虫を見つけ次第、捕殺します。定植後に寒冷紗を張って成虫の産卵を防ぎます。

薬剤を使うなら 播種前に家庭園芸用GFオルトラン粒剤、ジェイエース粒剤を土に散布するか、発生初期にベニカAスプレー、ベニカS乳剤、アディオン乳剤を散布します。自然派薬剤なら発生初期にベニカナチュラルスプレー、STゼンターリ顆粒水和剤、ゼンターリ顆粒水和剤を葉裏にも十分かかるように散布します。

発生しやすい野菜類
カブ、コマツナ、ハクサイ、ダイコン、チンゲンサイ、ブロッコリー、ルッコラなど

アブラムシ類 ●葉裏や新芽に約2mmの小さな虫がつく

寄生して汁を吸い、植物を衰弱させる。

これが原因

被害が進むと…

葉裏にびっしりと群生している状態。

翅の生えた成虫。生息密度が高くなると現れる（写真はキャベツ）。

Data
発生時期 — 4〜11月
発生部位 — 葉、芽
類別 ——— 群生する吸汁性害虫

葉裏や新芽に約2mmの小さな虫がつきます。野菜に幅広く寄生し、植物の汁を吸います。発生が多いと新芽や葉の成長が阻害されます。また、葉についた排泄物にすす病が発生して葉が黒くなったり、モザイク病のウイルスを媒介します。繁殖が旺盛で脱皮を繰り返しながら成長するので、白いゴミのような脱皮殻を発生サインとして早期発見に役立てます。夏期は生息数が減ります。暖冬で雨が少ない年は発生が多くなります。

薬剤を使う前に 見つけ次第潰して退治します。きらきらする光を嫌う習性を利用して、定植時にシルバーマルチを敷いたり、寒冷紗で株を覆って成虫の飛来を防ぎます。窒素肥料のやりすぎは発生を促すので注意します。風通しをよくし、冬期を含め周辺の除草を徹底します。

薬剤を使うなら 播種前に家庭園芸用GFオルトラン粒剤、ジェイエース粒剤を土に散布するか、ベニカベジフルスプレー、ベニカ水溶剤、ダントツ水溶剤を発生初期に散布します。自然派薬剤ではベニカナチュラルスプレー、ベニカマイルドスプレー、アーリーセーフ、カダンセーフ、やさお酢、エコピタ液剤を、発生初期に散布します。

発生しやすい野菜類
カブ、キュウリ、コマツナ、ダイコン、チンゲンサイ、トマト、ナス、ハクサイ、ブロッコリーなど

＊下線がある薬剤は生産者向けとして農協（JA）などで入手できる（同類名称薬剤は、家庭園芸用と適用が異なる場合もある）。

ナガメ ●葉に白い斑点ができ、黒色とオレンジ色の線状模様のある虫がいる

Data
発生時期 ── 4〜10月
発生部位 ── 葉
類別 ──── カメムシの仲間。吸汁性害虫

葉に多数の白い斑点ができて、体長6〜9mmで黒色にオレンジ色の線状模様がある虫がいます。アブラナ科野菜に寄生するカメムシの一種で、年2〜3回発生し、幼虫と成虫が葉の汁を吸って加害します。子葉や新芽が加害されると葉が奇形になって枯死し、病気と誤認される場合もあります。

発生しやすい野菜類

カブ、コマツナ、ダイコン、チンゲンサイ、ハクサイなど

被害を受けて、葉に多数の白斑が現れた。

これが原因
葉の上に寄生する幼虫。

これが成虫
ナガメの成虫。

薬剤を使う前に 幼虫や成虫を見つけ次第、捕殺して退治します。周辺のアブラナ科野菜も発生を確認しましょう。タネまき後に、寒冷紗や防虫ネットで畝を覆って成虫の飛来を防ぎます。その際、土とネットの間に隙間ができないように注意します。

薬剤を使うなら ダイコンのナガメに適用のある薬剤はありません。

ニホンカブラハバチ ●葉の上に黒くてしわがあるイモムシがいる

Data
発生時期 ── 5〜6月、10〜11月
発生部位 ── 葉
類別 ──── ハチの仲間。食害性害虫

葉の上に黒色で体の表面にしわがあるイモムシがいます。春および秋の年2回発生するハチの仲間の幼虫で、主にアブラナ科の草花や野菜を食害します。幼虫は成長すると1.5〜2cmになります。風通しが悪い場所で軟弱に育った株ほど食害されやすいです。ハチの仲間ですが、成虫は人を刺しません。

発生しやすい野菜類

カブ、クレソン、コマツナ、ダイコンなど

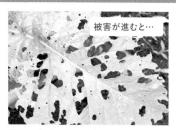
被害が進むと…
激しい食害にあって多くの穴があいた。

これが原因
葉の上で食害する幼虫。

これが成虫
葉の上にいる成虫。

薬剤を使う前に 通風しをよくして丈夫に育てます。日頃から植物をよく確認し、葉の上の幼虫を見つけ次第、捕殺します。食害性害虫なので発見が早ければ早いほど被害を最小限に抑えられます。

薬剤を使うなら 発生初期に**サンケイマラソン乳剤**を散布します。適用のある自然派薬剤はありません。

白さび病(しろさびびょう) ●葉の裏に乳白色で隆起した斑点ができる

発生初期は、葉表に淡黄色の不明瞭な斑点が現れる。

葉裏についた乳白色の斑点は、円形で隆起している。

カビが原因

Data
発生時期 ── 3〜6月、10〜11月
発生部位 ── 葉
類別 ──── カビ(糸状菌)による伝染性の病気

葉表に淡黄色の不明瞭な斑点がつき、葉裏に乳白色でやや隆起した斑点ができます。斑点が破れ、白い胞子が周囲に飛散して伝染します。多発すると葉全体が斑点で覆われ、黄色く変色して枯死します。雨が続いて湿度が高く、密植して風通しが悪いと発生が増えます。

発生しやすい野菜類

カブ、コマツナ、ダイコン、チンゲンサイ、ハクサイなどのアブラナ科野菜

薬剤を使う前に 発病した葉や落ち葉は早めに除去し、ほかの株にうつらないようにします。株間を確保して風通しをよくします。毎年発生する畑ではアブラナ科野菜の連作を避け、違う科の野菜と輪作します。

薬剤を使うなら 発生が進むと防除効果が低下するため、発生初期に**STダコニール1000**、**ランマンフロアブル**を植物全体にむらなく丁寧に散布します。自然派薬剤は**Zボルドー**を散布します。

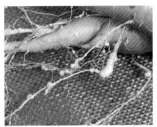

ニンジン ■セリ科

ネコブセンチュウ ●根に大小のコブがつき、ひげ根やまた根になる

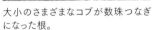

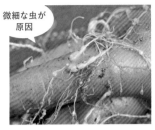
微細な虫が原因

大小のさまざまなコブが数珠つなぎになった根。

不定型なコブがつながっている。

被害が進むと…

収穫したニンジンのほとんどが被害にあってしまった。

発生しやすい野菜類

カブ、カボチャ、キュウリ、サツマイモ、スイカ、ダイコン、トマト、ナス、ニンジン、ピーマンなど

Data
- 発生時期 ── 5〜7月
- 発生部位 ── 根
- 類別 ─── 根に寄生する土壌害虫

生育が悪く、下葉から枯れはじめた株を見つけて抜き取ると、根に大小のコブがたくさんついています。センチュウが寄生して養分を吸い取り、根を変形させてたくさんのコブを作ります。成虫は土の中に生息し、0.5〜1mmで肉眼では見つけられないほど小さい害虫です。連作すると発生しやすく、被害が進むと株全体が枯死し、収量も減少します。被害を受けた株を抜き去ってもセンチュウは土壌の中に残るため、土壌消毒などを行う必要があります。

薬剤を使う前に 連作を避け、被害を受けた株はすみやかに根を残さずに抜き取って処分します。対抗植物のクロタラリアやギニアグラスを前作に栽培すると、一定の抑制効果があります。

薬剤を使うなら タネまき前に、<u>石原ネマトリンエース粒剤</u>を土に混和します。適用のある自然派薬剤はありません。

キアゲハ ●葉が食べられ、黒褐色や縞模様のイモムシがいる

これが原因

成長した幼虫

葉の上の若い幼虫(写真はセルリー)。

成熟して黒と黄緑の縞模様がついた幼虫(写真はパセリ)。

蛹になった状態(写真はパセリ)。

Data
- 発生時期 ── 4〜10月
- 発生部位 ── 葉
- 類別 ─── 食害性害虫。チョウの仲間

葉の上に、黒褐色に橙色の斑点がついて白斑のある虫がいます。ニンジン、パセリなど、セリ科野菜に寄生するチョウの仲間で、幼虫が葉を食害します。幼虫は成長すると黒と黄緑の縞模様のあるイモムシになり、体長が5cmになって食べる量も増えます。被害が進むと葉が食べつくされ、株が衰弱します。成熟した幼虫は蛹になり、その後、羽化して現れる鮮やかなチョウが葉に1個ずつ産卵し、孵化した幼虫が再び食害します。冬は蛹の状態で過ごします。

薬剤を使う前に 幼虫を見つけ次第捕殺します。とくに、成熟した幼虫は食害量が多いため、被害が進む前に早めに対処します。

薬剤を使うなら 発生初期に、<u>家庭園芸用マラソン乳剤</u>、<u>サンケイマラソン乳剤</u>を株全体に散布します。適用のある自然派薬剤はありません。

発生しやすい野菜類

セリ、セルリー、ニンジン、パセリ、ミツバなどのセリ科野菜

＊下線がある薬剤は生産者向けとして農協(JA)などで入手できる(同類名称薬剤は、家庭園芸用と適用が異なる場合もある)。

ラディッシュ ■アブラナ科

アブラムシ類　　●葉裏や新芽に小さな虫がたくさんつく

Data
発生時期 ── 4〜11月
発生部位 ── 葉、芽
類別 ─────── 群生する吸汁性害虫

葉裏や新芽に約2mmの小さな虫がつきます。野菜に幅広く寄生して植物の汁を吸い、発生が多いと新芽や葉の成長が阻害されて収量に影響します。排泄物にすす病が発生して葉が黒くなったり、モザイク病のウイルスを媒介する厄介な害虫です。繁殖が旺盛で、生息密度が高まると翅がある虫が現れて周囲に被害を広げます。白いゴミのような脱皮殻がつくので、発生サインとして役立てましょう。夏期は生息数が減ります。暖冬で雨が少ない年は発生が多くなります。

発生しやすい野菜類

カブ、キュウリ、キャベツ、ダイコン、チンゲンサイ、トマト、ナス、ハクサイ、ブロッコリー、ラディッシュなど

これが原因

葉裏にびっしりと群生しているアブラムシ。

翅の生えた成虫。生息密度が高くなると現れる（写真はキャベツ）。

薬剤を使う前に 見つけ次第潰して退治します。きらきらする光を嫌う習性を利用して、タネまき前にシルバーマルチを敷いたり、寒冷紗で株を覆って虫の飛来を防ぎます。窒素肥料のやりすぎに注意します。風通しをよくし、冬を含め周辺の除草を徹底します。

薬剤を使うなら 自然派薬剤のベニカナチュラルスプレー、アーリーセーフ、ベニカマイルドスプレー、ピュアベニカ、カダンセーフ、エコピタ液剤を発生初期に散布します。

カブラヤガ（ネキリムシ類）　　●発芽したばかりの苗が折れて倒れる

葉の付け根をかじられて切断された苗（写真はダイコン）。

これが原因

株元の土を浅く掘ったら幼虫が見つかった。

土中に潜った幼虫は、トンネルを掘ったような痕を残す場合もある（写真はダイコン）。

Data
発生時期 ── 4〜6月、8〜11月
発生部位 ── 地際の茎
類別 ─────── ガの仲間。食害性害虫

薬剤を使う前に 苗が倒れたり葉が切られていたら、株の周りの土を浅く掘り、幼虫を探し出して捕殺します。土の中に潜った幼虫が株周辺にトンネルを掘ったような痕を残していないか確認します。成虫の産卵場所になる周辺の雑草を取り除きます。

発芽したばかりの子葉や本葉が株元で折れて倒れたり、切断されます。通称ネキリムシと呼ばれるガの仲間の幼虫が原因です。「ネキリ」という名前から根を切ると誤解されますが、実際は地際の茎や葉の付け根をかじって食害します。成長した幼虫は夜行性で見つけにくく、1匹の幼虫が複数の苗を食害します。幼虫は成熟して土の中で蛹になり、羽化して成虫のガが現れ、作物の地際の葉や雑草の枯れ葉に1個ずつ産卵し、孵化した幼虫が再び作物を食害します。

薬剤を使うなら タネまき時に家庭園芸用サンケイダイアジノン粒剤3、ダイアジノン粒剤3を土壌に混和するか、ネキリエースKを土壌表面にばらまきます。ネキリエースKはネキリムシが好む餌に有効成分を含浸させているので、発生前の夕方まくと一晩で幼虫を退治できます。

発生しやすい野菜類

エダマメ、カブ、キャベツ、キュウリ、サヤエンドウ、ダイコン、トマト、ナス、ネギ、ハクサイ、ピーマン、ラディッシュ、レタスなど

特定防除資材とは？

特定防除資材とは、国が安全性を認めた、農薬登録が不要の資材です。農薬登録が不要であっても農薬行政においては植物を害する病気や害虫を防除するための農薬として位置付けられています。

特定防除資材という仕組みが生まれたのは、2002年に催奇形性や発がん性が疑われる無登録農薬の販売と使用が発覚し、これを使用した農産物が大量に廃棄されるなど、国民の食の安全に対する信頼が脅かされる問題につながったことをきっかけに、農薬取締法が改正されたことが背景にあります。

これを受けて2003年に施行された改正農薬取締法では、新たに無登録農薬の製造や使用を禁止しましたが、農作物の防除に農家が昔から使っていた薬剤（食酢、重曹）や天敵で、安全性が明らかなものまで農薬登録を義務付ける過剰規制とならないよう、特定防除資材（特定農薬）という仕組みが作られました。

これは無登録農薬を禁止するために必要な制度上の仕組みで、新たな規制をもち込むものではありませんでした。現在、国が指定する特定防除資材は、食酢、天敵（使用場所と同一の都道府県内で採取されたもの）、重曹、エチレン、次亜塩素酸水（塩酸又は塩化カリウム水溶液を電気分解して得られるものに限る）で、これらはすべて有機JAS規格の有機農産物（オーガニック）栽培に使用できます。

特定防除資材一覧 （2023年1月現在）

● 食酢
● 天敵
（使用場所と同一の都道府県内で採取されたもの）

● 重曹
● エチレン
● 次亜塩素酸水
（塩酸又は塩化カリウム水溶液を電気分解して得られるものに限る）

重曹を有効成分とする特定防除資材の例

重曹スプレー容器付

食酢を有効成分とする特定防除資材の例

ピュアベニカ　　やさお酢

5章

栽培の工夫と
薬剤の使い方

薬剤にはいろいろな種類があり、
使用できる作物、防除対象の病気や害虫が
決められています。
正しい薬剤選びをするための基礎知識や
上手な使い方をていねいに紹介します。
また、肥料の与え方など、
栽培管理の工夫によって病害虫を軽減する
方法も説明します。

農薬の種類と選び方

薬剤にはさまざまな種類があり、まず、散布場所の広さ、対象となる植物の数によって適したタイプが異なります。散布面積が広い場合や、植物が多い場合は「乳剤」「水和剤」「水溶剤」などが適し、噴霧器が必要です。水で薄める手間はかかりますが、少量の薬品で大量の散布液ができるので経済的です。

面積が狭い、植物が少ない、応急処置的に散布したい場合は、そのまますぐに使える「スプレー剤」「エアゾール剤」が便利です。

初心者には、すぐに散布できるスプレー剤、エアゾール剤や、土にぱらぱらとまくだけの「粒剤」「ペレット剤」が便利でおすすめです。

薬剤散布に慣れ、自分で薬品を希釈して散布液が作れる場合は、経済的な乳剤、水和剤、水溶剤などがよいでしょう。植物、対象の病気や害虫に応じた薬剤を使い分ければ、より効果的な防除ができます。

防除したい病気や害虫と、専門の薬剤

病気や害虫の種類がわかったら、効果のある薬剤を選びます。製品のラベルには「適用病害虫名」の欄があり、その薬剤がどんな病気や害虫を対象にしているのかわかります。パッケージの目立つ部分に「アオムシ退治に」「うどんこ病の予防に」などの表示があるので目安にしましょう。また、ハダニ、センチュウ、ナメクジ、カイガラムシなど一部の害虫、うどんこ病などの病気、細菌、ウイルスに対しては、それぞれ専門薬があり、適切な防除に役立ちます。

目的、面積、使い勝手で選ぶ製品タイプ（剤型）

タイプ	使用方法	特徴	使用上のポイント
水和剤、水溶剤 （中・上級者）	水で薄め、 噴霧器でまく	◇少量の薬品で大量の散布液が作れる ◇広い面積の散布に向く	◇水で薄める手間がかかる ◇散布には噴霧器が必要 ◇希釈倍数を必ず守る
乳剤、液剤 （中・上級者）	水で薄め、 噴霧器でまく	◇少量の薬品で大量の散布液が作れる ◇広い面積の散布に向く	◇水で薄める手間がかかる ◇散布には噴霧器が必要 ◇希釈倍数を必ず守る
粒剤 （初心者）	そのまま 株元にまく	◇手間がかからない ◇株元にまいて根から吸わせる ◇浸透移行性剤なら長期間効果が続く ◇周囲に飛散しにくい	◇むらなく均一にまく ◇土に湿り気を与えてからまく ◇浸透移行性剤は高さ1mまでの植物向き
ペレット剤 （初心者）	そのまままく	◇害虫が見えなくても、おびき寄せて退治できる	◇雨の降らないときにまく ◇散布後に水やりしない ◇ペットが食べないように注意
スプレー剤 （初心者、応急処置）	薄めずに そのまま散布	◇植物に近づけて使える ◇手間がかからない ◇ピンポイント散布に向く	◇長時間の散布には不向き ◇葉先から薬液がしたたり落ち始めるまでかける ◇狭い範囲の散布に向く
エアゾール剤 （初心者、応急処置）	薄めずに そのまま散布	◇ボタンを押すだけで手軽に使える ◇手間がかからない ◇応急処置としてすぐに使える	◇冷害防止策として、植物から30cm以上離して散布 ◇霧がうっすらとかかる程度にし、かけすぎは薬害を起こす ◇狭い範囲の散布に向く

殺虫剤の作用性や使い方　※製品や剤型により、適用となる対象害虫は異なる

タイプ・使用方法	接触剤	食毒剤	浸透移行性剤	誘殺剤
	害虫に直接散布する	薬剤が付着した葉などを食べさせて退治	株元にまいたり、土に混ぜる。植物全体に散布する	生息地にまいておく
主な剤型	スプレー剤、エアゾール剤、乳剤、水和剤、水溶剤、液剤	スプレー剤、エアゾール剤、乳剤、水和剤、水溶剤、液剤	粒剤、スプレー剤、水和剤、水溶剤、液剤	ペレット剤
メリット	かかった害虫を速やかに退治できる	散布後しばらく効果が持続する	散布後も効果が持続し、害虫の発生を予防できる	夜行性の害虫をおびき寄せて退治できる
主な対象害虫	アオムシ、アザミウマ類、アブラムシ類、カイガラムシ類、カメムシ類、グンバイムシ類、ケムシ類、コガネムシ類（成虫）、コナジラミ類、ハダニ類、ハバチ類、ヨトウムシ類	アオムシ、コナガ、ケムシ類、ヨトウムシ類、ネキリムシ類、ハマキムシ類など	アオムシ、アザミウマ類、アブラムシ類、カイガラムシ類、グンバイムシ類、ケムシ類、コナジラミ類、ハバチ類、ハモグリバエ類、ヨトウムシ類	ネキリムシ類、ヨトウムシ類、ダンゴムシ、ナメクジ類

薬剤には「商品名」と「成分名」が表示されている

薬剤の裏や側面のラベルを見ると、商品名のほかにも、「アセフェート水和剤」など、その薬剤の成分名が表示されています。例えば商品名「家庭園芸用GFオルトラン粒剤」の場合は、「アセフェート粒剤」とも表示されていますが、「アセフェート」が成分名で「粒剤」が剤型（製品のタイプ）を示しています。

「アセフェート」は、有機リン系の殺虫剤の成分で、毒物や劇物に該当しない、毒性の弱い薬剤です。つまり「家庭園芸用GFオルトラン粒剤」は、「アセフェートを成分とする粒剤」であるとわかります。同じ成分でも商品名やメーカーが異なる薬剤もあるので、ラベルの成分を確認するとよいでしょう。

ラベルで安全な使用方法を確認

薬剤のラベルには使用方法が書かれており、「適用病害虫名」に書かれた病気や害虫に効果があり、「作物名」に書かれた植物に使用ができ、かつ薬害が出ないように設定されています。

野菜、果樹などの食用作物では、希釈倍数や使用時期（収穫何日前まで使えるか）、総使用回数（タネまきから収穫終了までに使える回数）、注意事項などが表示されており、使用方法を守って使用するかぎり、健康に悪影響がなく、収穫物や自然環境にも安全性が確保されます。また、「最終有効年月」を確認して有効期限内の薬剤を使います。

ベニカX ファインスプレーのボトルの裏面

どんな植物に使えるか

タネまきから収穫終了まで何回使えるか（野菜について）

どんな病気や、害虫に効果があるか

収穫何日前まで使えるか（野菜について）

「成分名」が同じでもタイプ（剤型）の違う薬品

同じ商品名でも製品のタイプが違う薬品があります。例えば、「アセフェート」を成分とするものでは「GFオルトラン液剤」「家庭園芸用GFオルトラン水和剤」「家庭園芸用GFオルトラン粒剤」などです。同じ「アセフェート」なので同様の殺虫効果がありますが、製品タイプが違うと対象の植物が変わります。粒剤は草丈の低い植物に、広範囲の散布には水和剤や液剤が適しています。用途や使いたい植物によって使い分けましょう。

オルトラン粒剤、水和剤、液剤の適用作物の違い
※主な適用作物を記載

家庭園芸用 GF オルトラン粒剤

キュウリ、ナス、トマト、ピーマン、キャベツ、ハクサイ、ナバナ類、コマツナ、オクラ、ブロッコリー、ダイコン、カブ、ジャガイモ、エダマメ、キク、宿根スターチス、カーネーション、アリウム、花き類・観葉植物、芝、ツツジ類、樹木類

家庭園芸用 GF オルトラン水和剤

キャベツ、ハクサイ、非結球アブラナ科葉菜類、カリフラワー、レタス、非結球レタス、ジャガイモ、インゲンマメ、エダマメ、ダイズ、タマネギ、ニンニク、未成熟トウモロコシ、オクラ、ショウガ、ゴボウ、アズキ、サンショウ（果実）、カキ、イチジク、花き類・観葉植物、樹木類、キク、ストック、宿根アスター、カーネーション、ヒマワリ、斑入りアマドコロ、リアトリス、オンシジウム、ストック、グラジオラス、芝、サクラ、ツバキ類、ツツジ類

GF オルトラン液剤

キク、バラ、サクラ、クチナシ、サンゴジュ、ツバキ類、ツツジ類、マサキ、樹木類

症状が似ている生理障害と肥料の功罪

養分の過不足や不適切な栽培環境によって「葉が変色したり、斑点が現れる、果実の先端が黒くなる」などの症状が現れて健康な生育が妨げられている状態を生理障害といいます。

生理障害はカビなどの病原菌が原因で発生する伝染性の病気と違い、うつらない病気です。ただし、生理障害がきっかけで植物が軟弱に育ったため、伝染性の病気が発生することはあります。

植物の生育が悪い場合、よく考察せずに「伝染性の病気」が原因と判断しがちです。しかし、「生理障害」も可能性の一つとして考え、さまざまな観点で植物を確認し、対処や予防に取り組むことが大切です。

うつらない病気（生理障害）の例

原因	生理障害
各種栄養素（窒素、リン酸、カリ、カルシウム、マグネシウム、鉄など）の過不足	栄養障害
夏の直射日光などの強い光	日焼け（葉焼け）
植物が耐えられる最低温度や最高温度を超えた、低温や高温になる環境	低温障害、高温障害
水分の過剰（排水性が悪い、水やりの過多など）	根腐れ
排気ガス、アンモニアガス	その他の生育障害

肥料の効き方と役割

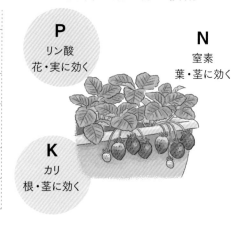

P リン酸 花・実に効く

N 窒素 葉・茎に効く

K カリ 根・茎に効く

大量要素

●窒素：N…葉肥

生育に大きく影響する重要な要素で、茎葉の成長を促す。欠乏すると葉の緑色（葉緑素）が抜けて黄色くなるため、光合成ができず生育不良になる。症状は古葉から現れやすい。

ポイント 与えすぎると花や実がつきにくくなる。また、軟弱に育ち、病気にもかかりやすい。

●リン酸：P…実肥

開花、結実、根の成長を促す。欠乏すると古葉の緑が黒味がかったり、紫色になり、上の方の葉は暗緑色になる。

ポイント 日本の用土はリン酸分を吸収しやすいため、適度な施肥は必要。多すぎると鉄欠乏を起こす。

●カリ：K…根肥

根や茎葉を丈夫にし、生育に必要なタンパク質やデンプンの合成、水分調節など、植物の中の環境の維持調節に重要。欠乏すると葉縁や葉脈の間が黄色に変色し、症状が進むと枯れる場合もある。

ポイント 欠乏症状は古い葉から現れる。果実では味や外見が悪くなる。抵抗力の増進に役立つ。

中量要素

●カルシウム

細胞壁を作る要素として重要。細胞を強化し、根の生育を助け、果実や子実の充実や成熟を促す。

ポイント 生育期の新芽や果実などは特に必要だが、いったん吸収しても、ほかの部位に移動しにくいため、微量でも継続して吸収されることが必要。

●マグネシウム

植物が光合成を行う葉緑素を構成する要素として不可欠で、リンの働きを助ける。

ポイント 欠乏すると葉の緑色（葉緑素）が抜けて黄色になり、光合成ができず生育不良に。新芽など成長が盛んな部位に移動しやすいので、古い葉から症状が出る。

●硫黄

窒素とともに植物体のタンパク質を構成する成分として重要。

ポイント 欠乏すると窒素欠乏のように葉に黄化症状が現れるが、症状の現れ方は生長点付近から下位葉に広がる。

土の酸度による生理障害

土壌がアルカリ性に傾くと、鉄をはじめ各種養分の吸収が妨げられて生育が遅れることがあります。右はアルカリ性(pH8.3)土壌で栽培したトマトで、左の正常酸度(pH6.0)の株と比べて生育が遅延しています。多くの植物が好む土壌の酸度は、弱酸性から中性(pH5.5〜7.0)です。養分の過不足だけでなく、酸度など土の性質も生理障害を起こす要因になります。

弱酸性の土
正常な酸度の土（pH6）でしっかりと生育したトマト。

アルカリ性の土
土がアルカリ性(pH8.3)で生育が遅延したトマト。

過剰な肥料やりは逆効果

窒素の過剰吸収
窒素は土壌中にあればあるほど、根がどんどん吸収してしまい、その結果、徒長して軟弱な株に育つ。

総合的な肥料過多
全般的に肥料の総量が多すぎて株が茂りすぎ、日当りや風通しが悪くなると、病害虫が発生しやすい。

適切なら病害虫防除の一環に、過不足で障害となる「施肥」

　植物が丈夫に育ち、病気や害虫が発生しにくい環境作りが防除の基本です。肥料は水やりと並んで重要な栽培管理の一つですが、窒素のように、一度にやりすぎると植物が軟弱に育ち、病害虫の発生を促します。また、カリウムのように、丈夫に育ち、抵抗力をつける働きをする成分もあります。適切な肥料の与え方により、病害虫防除の効果は高まります。

主な生理障害の例と改善のための対策

　強い直射日光で葉に褐色の斑紋や斑点ができる「葉焼け」には、夏前に遮光ネットなどで日除けをします。反対に日照不足で間延びして軟弱に育つのが「徒長」です。

　また、ペチュニアの新しい葉が黄白色になるのは、植物の中の鉄が欠乏するためです。土の酸度がアルカリ性に傾いたり、リン酸肥料が効きすぎると鉄の吸収が抑えられるため、生理障害が起きます。

　トマトには、夏の高温期に果実の先端が黒く円形に腐る「尻腐れ症」が発生することがあります。腐っ

代表的な生理障害

尻腐れ症
梅雨あけ後に土が乾燥して吸水量が減ると水に溶けたカルシウムの吸収量が減り、肥大期の果実の先端が黒く腐る(トマト)。

鉄欠乏
新しい葉が黄白色になるのは、植物の中の鉄が欠乏するためで、リン酸肥料を過剰に施肥したことで効きすぎたり、土壌酸度がアルカリ性に傾くことが原因(ペチュニア)。

高温障害
植物が耐えられる最高温度を超えたため、新芽や新葉が白色になる。白い葉が増えると花数が減少し、株も衰弱する(ゼラニウム)。

アンモニアガス障害
有機質肥料を過剰に施したあとに地温が急激に上がったり、苦土石灰などのアルカリ性資材と、硫安などのアンモニア性肥料を同時に施してアンモニアガスが発生し、葉が褐色になった(サルビア)。

た果実の様子を見て、伝染性の病気と間違いやすいのですが、これはカルシウム不足が原因の生理障害です。

　生理障害を防ぐポイントは、肥料やりなどの栽培管理を徹底し、栽培に適した環境で育てることです。早期発見に努め、原因を知って栽培環境を改善しましょう。

農薬の安全性

　農薬は、なんとなく怖いものと、漠然とした不安をもっている人が多いのではないでしょうか。農薬とは植物を保護するために使用する薬剤で、農作物を害するケムシ、アブラムシ、うどんこ病などの病害虫を防除する薬剤（殺虫剤、殺菌剤）、植物の生育を妨げる雑草を防除するための薬剤（除草剤）、ダニ、センチュウ、ネズミ、モグラなどを防除するための薬剤や生理機能を増進する薬剤（植物成長調整剤）なども農薬になります。また、病害虫防除の目的で使用される食酢、重曹や天敵も農薬とされています。

　農薬は農薬取締法によって登録を受けて初めて製造、販売されます。病害虫に対する効果はもとより、使用者する人間や作物（薬害、残留など）、自然環境（土壌、水質、生活環境動植物など）に対する多くの試験が行われ、得られた試験成績を農林水産省、厚生労働省、環境省、食品安全委員会が評価し、安全性が確認されて初めて登録されます。この仕組みによって農薬の安全性が確保されます。医薬品と同様、ラベルの注意事項を守って、使用方法どおり使用すれば使用者にも環境にも安全性が確保されるのです。

安全性の試験　農薬の登録申請に必要な試験一覧

農薬の登録には、人や家畜、環境などに対しさまざまな局面を想定した安全性の確認がなされます。

薬効・薬害に関する試験

適用病害虫に対する薬効に関する試験
適用農作物に対する薬害に関する試験

- 薬効・薬害試験
- 限界薬量（又は濃度）薬害試験
- 茶の残臭試験
- たばこの喫味試験

周辺農作物に対する薬害試験

- 飛散漂流による薬害試験
- 水田水の流出による薬害試験
- 揮散による薬害試験

後作物に対する薬害試験

- 後作物薬害試験

毒性に関する試験

- 急性経口毒性試験
- 急性経皮毒性試験
- 急性吸入毒性試験
- 眼刺激性試験
- 皮膚刺激性試験
- 皮膚感作性試験
- 急性神経毒性試験
- 急性遅発性神経毒性試験
- 90日間反復経口投与毒性試験
- 21日／28日間反復経皮投与毒性試験
- 90日間反復吸入毒性試験
- 反復経口投与神経毒性試験
- 28日間反復投与遅発性神経毒性試験
- 28日間反復吸入毒性試験
- 90日間反復経皮投与毒性試験
- 1年間反復経口投与毒性試験
- 発がん性試験
- 繁殖毒性試験
- 催奇形性試験
- 変異原性試験
- 解毒・治療に関する試験

生体内代謝に関する試験

- 動物代謝に関する試験
- 植物代謝に関する試験

土壌中や水中の動態に関する試験

- 土壌中動態に関する試験
- 水中動態に関する試験

生活環境動植物、および家畜への影響に関する試験

- 魚類急性毒性試験
- ミジンコ類急性遊泳阻害試験
- ミジンコ類繁殖試験
- 藻類生長阻害試験
- ミツバチ影響試験
- 蚕影響試験
- 天敵昆虫等影響試験
- 鳥類影響試験

残留性に関する試験

- 農作物への残留性に関する試験
- 家畜への残留性に関する試験
- 土壌への残留性に関する試験

農薬原体の組成に関する試験

有効成分の性状、安定性、分解性等に関する試験

水質汚濁性に関する試験

環境中予測濃度算定に関する試験

現在の農薬は速やかに分解される

野菜を作ったり、購入した野菜を食べる際に、多くの人が気になっていることは、野菜にどの程度の農薬が残留しているのかということでしょう。現在は登録を受ける際の試験できちんと精査されているため、散布された農薬は効果を発揮したあと、太陽光や土壌微生物などによって速やかに分解されて消失します。野菜の中に吸収された農薬も代謝によってすみやかに分解されていきます。

生涯毎日摂取しても安全な農薬の量が決められている

毎日食べたとしても体に有害な作用がない量を「無毒性量」といい、その数値はラット、あるいはラット、マウスやイヌなどの動物実験で求められます。この数値をそのまま人に当てはめるわけではなく、動物との種差や個体差を考慮して、通常無毒性量を100で割った値を「許容一日摂取量（ADI）」としています。人が生涯毎日その量を摂取しても、健康に影響がないと推定される量のことです。さらに、水や空気から農薬が体に入る可能性も考慮して、作物からの摂取を8割として、各作物に振り分けて、残留基準値を設定します。これは収穫した作物から検出されてもよい上限値です。

さらに、人が24時間以内に摂取しても健康に影響がないと推定される量の上限を「急性参照用量（ARfD）」とし、一度に口にしても有害でない無毒性量を、同様に100で割った値としています。つまり、農薬を作物から短時間に多量に摂取してもARfDを超えなければ健康への影響は考えられません。

つまり、ADIでは生涯毎日摂取し続けても影響のない量を定め、ARfDでは一度に多量に摂取した場合でも影響のない量を定めています。長期的、短期的どちらの場合も安全な数値を設定し、個々の農薬の使用方法に反映しています。この仕組みにより、ラベルの使用方法どおり使用すれば安全性が確保されています。

また、市販の野菜の調理後にどの程度農薬が残留しているかを、厚生労働省が調査しており、1日分の食事から検出される量は、多くが無毒性量の1万分の1以下しかないそうです。たとえ市販の野菜に農薬が残っていたとしてもごく微量で、健康にも味にも影響のある量ではありません。しかも、水洗いや加熱調理で減少するため、あまり神経質になる必要はありません。

農薬は自然の力で分解される

農薬は光や熱、植物の代謝、土壌微生物によって分解されます。

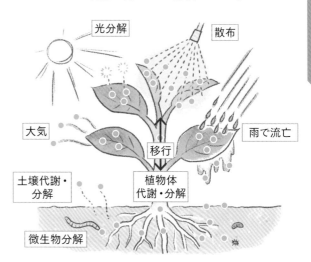

現在では環境中に長く残ったり、動物の体内に蓄積し、食物連鎖で生物濃縮されていくようなものは農薬として登録されません。毒性や土壌残留性の高い農薬は1970年頃には禁止されました。

■許容一日摂取量（ADI）の考え方

生涯毎日摂取しても健康に影響がない量はどう求められるのか？

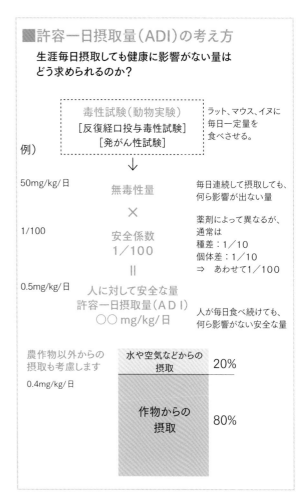

例）

毒性試験（動物実験）
［反復経口投与毒性試験］
［発がん性試験］

ラット、マウス、イヌに毎日一定量を食べさせる。

↓

50mg/kg/日 　無毒性量　毎日連続して摂取しても、何ら影響が出ない量

×

1/100　安全係数 1／100　薬剤によって異なるが、通常は 種差：1／10 個体差：1／10 ⇒ あわせて1／100

＝

0.5mg/kg/日　人に対して安全な量 許容一日摂取量（ADI） ○○ mg/kg/日　人が毎日食べ続けても、何ら影響がない安全な量

農作物以外からの摂取も考慮します
0.4mg/kg/日

水や空気などからの摂取	20%
作物からの摂取	80%

農薬の上手な使い方と薬剤散布

実際に農薬を使う際には、まず、ラベルをよく読むことが大切です。ラベルには使用できる植物名と病気、害虫の名前だけではなく、使用方法（希釈倍数、使用時期、使用回数など）、散布の注意点などが詳しく書かれています。希釈倍数や散布の仕方によっては薬害が出たり、その効果を左右することがあります。安全に使用するためには、必ずラベルをよく読んでから使用します。

乳剤、液剤や水和剤の溶かし方、混ぜ方

水で薄めるタイプの薬剤は、所定の濃度より濃いと植物に薬害が出たり、逆に薄いと十分な薬効が期待できません。濃いほうがよく効くとか、薄いほうが安全といったことはありません。表示された希釈倍数で薄めた濃度は、効果と安全性を確保できる条件なので、よく確認して記載された希釈倍数を守ります。

希釈倍数と加える水量（実際に散布する散布液の量）から、必要な薬剤の量を計算します。一度薄めた散布液は保存がきかないため、必要な量を散布のつど作ります。

体調、天候の確認と散布する時間帯

体調が悪く気分がすぐれないとき、飲酒後や疲労を感じているときなどは、散布を避けましょう。

雨が降りそうなときや風が強い日の散布もやめます。また、日中の高温時は薬害が発生しやすく、上昇気流で散布した薬剤が空気中に舞い上がりやすく、周囲に飛散しやすくなります。できるだけ朝夕の涼しい時間帯を選んで散布しましょう。

近隣や周辺環境への配慮

住宅周辺で使用する場合は、粒剤など飛散しにくい製品タイプを選んだり、風のない日に散布します。近隣に影響の少ない時間帯、子どもがいないときなどにします。散布前に周辺へ知らせる配慮があれば、トラブルも少なくなるでしょう。

散布者以外の人が近づかないように注意し、風向きを考えて子どもや通行人、ペット、洗濯物などに気をつけます。窓も閉め、最小限の場所に絞って散布します。

薬剤によっては魚に影響を与えることがあるので、魚に対する影響が強い薬剤（ラベルに記載がある）は河川、池などの近くでの散布を控えます。

必要な薬剤量の早見表

表の見方（例）1000倍の薬剤を2ℓ作る場合、乳剤2.0㎖または水和剤2.0gを、2ℓの水に溶かす（単位は、乳剤は㎖、水和剤はg）

希釈倍数	水量						
	500㎖	1ℓ	2ℓ	3ℓ	4ℓ	5ℓ	10ℓ
100倍	5.0	10.0	20.0	30.0	40.0	50.0	100.0
250倍	2.0	4.0	8.0	12.0	16.0	20.0	40.0
500倍	1.0	2.0	4.0	6.0	8.0	10.0	20.0
1000倍	0.5	1.0	2.0	3.0	4.0	5.0	10.0
1500倍	0.3	0.7	1.3	2.0	2.7	3.3	6.7
2000倍	0.25	0.5	1.0	1.5	2.0	2.5	5.0

乳剤、液剤の溶かし方

1 計量した水に所定量の展着剤を加えて混ぜる。

2 乳剤または液剤を加えて混ぜ合わせたら、スプレーや噴霧器に入れて散布。

水和剤の溶かし方

1 計量した水に所定量の展着剤を加えて混ぜる。

2 水和剤を加えて混ぜ合わせたら、スプレーや噴霧器に入れて散布。

展着剤を上手に利用する

薬剤を水で薄めて散布液を作る際、展着剤を加えると散布液を葉や茎、害虫の体に付きやすくします。また、付着してから広がりやすくし、さらに落ちにくくする効果もあります。薬剤の有効成分を水の中で均一にする働きもあり、防除効果を安定させます。乳剤や水和剤などを水で薄める際に使ってみましょう。

展着剤のダイン。散布液を虫や葉に付きやすくする効果がある。

散布する際、散布後の注意

乳剤やエアゾール剤は自動車、壁などの塗装面を変色させるなどのおそれがあるので、かからないように注意します。

短時間で終えるように計画的に散布し、途中で食事や喫煙などはせずに速やかに作業を終えます。散布後はうがいをして手足、顔など露出していた部分を石けんでよく洗い、目も十分に洗います。

使用した噴霧器などの器具は、よく洗浄してから保管します。散布液を浴びたときは着替え、ほかの洗濯物と区別して洗います。

散布液が余ったときは

乳剤、水和剤などを水で薄めた散布液は、放置すると分解が進み効果が落ちるので保存ができません。薬剤散布のつど、必要量を作って使いきるのが基本です。

余ってしまったときは、かけ忘れ部分や散布むらをなくすように有効利用して、残りは川や池、排水溝などに捨てずに、土に浅く穴を掘って入れ、埋め戻します。薬剤成分は土の粒子に吸着されたのち、土壌微生物により分解されます。

散布は後退しながら

前進しながら散布すると、散布液の霧の中に自分が入っていくことになります。必ず後退しながら散布しましょう。微風があるときなら、風下に向かって（風上に背を向けながら）後退しながら移動します。

散布液を浴びない装備

農薬用マスク、メガネ、手袋などを利用し、長袖、長ズボンを着用し、できるだけ皮膚の露出部分を少なくします。とくに背の高い植物に散布する場合や散布面積が広い場合には、薬剤を吸い込んだり浴びたりする可能性があるので気をつけます。

いろいろなタイプの薬剤散布

地面にまいたペレット剤の成分がナメクジを誘い、食べさせて退治する。

土の表面にまいたり、土に混ぜ込んだ粒剤の成分が土に浸透し、根から吸われて植物全体に移動する。

薬液が葉先からしたたり始めるまで、葉の表や裏にまんべんなくスプレー剤を噴霧する。

農薬取締法（のうやくとりしまりほう）とは？

◎どんな法律か？

農薬取締法は戦後間もない1948年に制定されました。戦後の食糧増産が急務だったため、まがい物を取り締まることが目的でした。その後、1963年と1971年に大改正が行われましたが、この時期は環境汚染に対する国民の関心が高まり、残留性の強い農薬の環境や健康に対する懸念が取り上げられ、時代の要請に応じて改正されました。

2002年には全国各地で無登録農薬の販売、使用が国民の健康不安として社会問題となり、すべての使用者に対して使用基準の遵守を明確に義務付けました。また、無登録農薬の製造、輸入、販売、使用が禁止され、同時に特定防除資材（特定農薬→P92参照）が創設されました。

このように時代を経て改正されてきた農薬取締法には、効果や安全性を担保し、粗悪な農薬を排除して農薬の品質保持と向上を図ってきた歴史があり、食料の増産を推進するための法律といえます。

◎農薬の登録制度

農薬は国の登録を受けてはじめて農薬となり製造・販売されます。農薬はこの登録制度によって規制がなされ、それによって特定防除資材を除くすべての農薬は、農薬取締法に基づいて効果効能、安全性、毒性、残留性などに関するさまざまな確認試験が行われています。

それらの試験成績を農林水産省、厚生労働省、環境省、食品安全委員会が評価して安全性が確認され、農林水産大臣の承諾を取得します。この承諾を「登録」といいます。登録内容の主なものは、登録番号、登録会社、製造場、有効成分名や濃度、性状、容量、適用病害虫と使用方法、安全性情報（治療法、魚毒性）などです。

さまざまな確認試験を実施し、安全性が確認された農薬が登録され、販売されている。

6章

野菜に使える 主な薬剤

2章から4章で取り上げた
薬剤の特徴や使い方、
使用できる野菜や病害虫などを説明します。
防除や薬剤選びの参考に役立ててください。

● 本書に掲載された商品や情報、登録のデータなどは
　2023年2月20日現在のものです。
● 薬剤の適用については変更されることがあります。最
　新の登録・失効情報は、農薬登録情報提供システムか
　ら検索してください（https:pesticide.maff.go.jp）。
● 薬剤の使用については農薬取締法で厳しく規制されて
　います。必ず商品のラベルや説明書に従い、適正に
　使用してください。

商品名　　　薬剤の分類　有効成分　　　その商品の特徴

アーリーセーフ　　○殺虫殺菌剤　　○有効成分：脂肪酸グリセリド

Data
剤型 —— 乳剤
作用 —— 物理的防除
取り扱い —— 住友化学園芸

天然ヤシ油由来の成分で、有機農産物
栽培（有機JAS規格）にも使用できます。
臭いも少なく、収穫前日まで使用できる
ため家庭菜園に便利です。野菜類やハ
ーブのアブラムシ、ハダニ、うどんこ病が
同時に防除できます。使用回数の制限も
ありません。

使い方　水で300〜600倍（植物により異
なる）に希釈し、噴霧器やスプレーに入れて
被害部位を中心に葉の裏まで散布します。
【注意】散布液は調製後、すぐに散布しま
す。害虫には、数日間隔で連続散布する
のがおすすめ。ナス、ピーマン、ハクサイ、
チンゲンサイなどの幼苗期の使用は、薬先
枯れを生じることがあるので避けます。

効果のある主な病害虫
アブラムシ類、コナジラミ類、
ハダニ類、チャノホコリダニ、
うどんこ病

使用できる主な野菜
キュウリ、トマト、ナスなどの果菜類、
キャベツなどの葉菜類、イモ類、
ダイコンなどの根菜類、ハーブ類

基本
データ

基本的な使い方と
使用する際の注意事項

防除対象の
病気や害虫

使える
野菜や種類

特定防除資材　国が安全性を認めた、農薬登録が不要の資材です。手軽に使える薬剤として流通している中で、食酢または重曹を使ったものを紹介します。

［自然派薬剤］有効成分が食品や食品添加物で、人や環境にやさしい薬剤。

重曹スプレー容器付　●特定防除資材　●有効成分：炭酸水素ナトリウム

Data

剤型 ─── 水和剤
作用 ─── 治療
取り扱い ── キング園芸

使い方　付属のスプレー容器に水1000mℓを入れ、薬剤1袋（1g）を入れた後、キャップを締めてよく振って溶かし、発生部位を中心に葉の裏まで丁寧に散布します。

[注意] 希釈液は2週間以内を目安に使いきります。逆さにしてもスプレーできます。

有効成分に食品添加物の重曹を使用した、溶かして使う病気の防除・治療スプレーです。植物のうどんこ病、灰色かび病を防除・治療します。幅広い野菜に収穫日まで使用回数の制限なく散布できます。

効果のある主な病害

うどんこ病、灰色かび病

使用できる主な野菜

キュウリ、トマト、ナスなどの果菜類、キャベツなどの葉菜類、イモ類ダイコンなどの根菜類、ハーブ類

やさお酢　●特定防除資材　●有効成分：食酢

Data

剤型 ─── スプレー剤
作用 ─── 殺虫、予防（虫、病気）
取り扱い ── アース製薬

使い方　葉の表裏や茎にまんべんなく散布します。2、3日おきに約2週間散布することで害虫の繁殖を1か月程度抑えます（アブラムシ、ハダニの場合）。

[注意] 日中の高温時は避けて早朝か夕方に散布し、雨が降った後は効果が薄れるので、再度散布します。

発生前からスプレーしてアブラムシ、ハダニ、コナジラミ、うどんこ病、灰色かび病の発生を防ぎます。殺虫効果もあり、発生してしまった虫の退治にも使えます。オリジナルブレンドした食酢で収穫直前まで何度でも使えます。

効果のある主な病害虫

アブラムシ、ハダニ、コナジラミ、うどんこ病、灰色かび病

使用できる主な野菜

野菜類、ハーブ類など

ピュアベニカ　●特定防除資材　●有効成分：食酢

Data

剤型 ─── スプレー剤
作用 ─── 殺虫、忌避、予防（虫、病気）
取り扱い ── 住友化学園芸

使い方　害虫の発生前〜発生初期、病気の発生前に2〜3日おきに散布します。また、株元に散布することで根を刺激して植物が本来もっている病気に対する抵抗力を高め、トマトの青枯病を予防します。降雨後は再度散布します。

食酢生まれのスプレーで有機農産物栽培に使え、食べる直前まで何度でも使用できます。害虫はアブラムシ、ハダニ、コナジラミの予防や退治に、病気はうどんこ病や黒星病の予防ができ、ナメクジやハスモンヨトウの食害とモンシロチョウやハモグリバエの産卵を抑制します（忌避効果）。

効果のある主な病害虫

アブラムシ、コナジラミ、ハダニ、うどんこ病、黒星病、青枯病、ナメクジ、ハスモンヨトウなど

使用できる主な野菜

野菜類、ハーブ類など

肥料　土壌の酸性化、窒素過多などで起きる生理障害を予防し、健全な生育を助けます。

[化学合成薬剤] 有効成分を化学的に合成して作られた薬剤。

トマトの尻腐れ予防スプレー　●特殊肥料　●有効成分：水溶性カルシウム

Data
剤型 ──── スプレー剤
作用 ──── カルシウム補給
取り扱い ── 住友化学園芸

使い方　開花から果実がピンポン球くらいになるまでの時期に、各花房に1週間に1回、花や果実、周辺の葉茎が十分に濡れるようにスプレーします。これを3～4週間繰り返します。栽培土壌は酸性化や乾きすぎないように注意します。

植物が吸収しやすい水溶性カルシウム処方を採用した簡単便利なスプレーです。カルシウム欠乏によるトマトの尻腐れ症を予防します。果実のカルシウム含量がアップして、健康な果実を育て、収穫が充実します。

効果のある主な生理障害
尻腐れ症

使用できる主な野菜
トマト

殺虫殺菌剤　害虫を防除する殺虫剤と病気を防除する殺菌剤の成分の両方を配合した農薬が、殺虫殺菌剤です。害虫と病気を同時に防除できます。

[自然派薬剤] 有効成分が食品や食品添加物、天然成分で、人や環境にやさしい薬剤。

ロハピ　●殺虫殺菌剤　●有効成分：カプリン酸グリセリル（デカン酸グリセリル）

Data
剤型 ──── スプレー剤
作用 ──── 物理的防除
取り扱い ── アース製薬

使い方　希釈せず、そのままスプレーして散布します。逆さにしてもスプレーできます。発生部分にしっかりかかるように散布し、葉の裏にも丁寧にスプレーします。
[注意] 目に入らないように注意します。

食品原料99.9％でできた殺虫殺菌剤。安心な成分でしっかりと病害虫対策をしたい方に。アオムシ、チュウレンジハバチ、黒星病などの病害虫にも効果があります。収穫前日まで何度でも使用できます。

効果のある主な病害虫
アブラムシ類、ハダニ類、コナジラミ類、アオムシ、うどんこ病、黒星病など

使用できる主な野菜
野菜類、ハーブ類

アーリーセーフ　●殺虫殺菌剤　●有効成分：脂肪酸グリセリド

Data
剤型 ──── 乳剤
作用 ──── 物理的防除
取り扱い ── 住友化学園芸

使い方　水で300～600倍（植物により異なる）に希釈し、噴霧器やスプレーに入れて被害部位を中心に葉の裏まで散布します。
[注意] 散布液は調製後、すぐに散布します。害虫には、数日間隔で連続散布するのがおすすめ。ナス、ピーマン、ハクサイ、チンゲンサイなどの幼苗期の使用は、葉先枯れを生じることがあるので避けます。

天然ヤシ油由来の成分で、有機農産物栽培（有機JAS規格）にも使用できます。臭いも少なく、収穫前日まで使用できるため家庭菜園に便利です。野菜類やハーブのアブラムシ、ハダニ、うどんこ病が同時に防除できます。使用回数の制限もありません。

効果のある主な病害虫
アブラムシ類、コナジラミ類、ハダニ類、チャノホコリダニ、うどんこ病

使用できる主な野菜
キュウリ、トマト、ナスなどの果菜類、キャベツなどの葉菜類、イモ類ダイコンなどの根菜類、ハーブ類

ベニカマイルドスプレー ●殺虫殺菌剤 ●有効成分：還元澱粉糖化物

Data

剤型 ──── スプレー剤
作用 ──── 物理的防除
取り扱い ── 住友化学園芸

使い方　散布液が直接害虫や病原菌を包み込むようにたっぷりと散布します。害虫には、動かなくなるまで葉の表裏に散布してください。害虫の増殖期は5〜7日間隔の連続散布が効果的です。

注意　凍結した場合、解凍後、白濁することがありますが、よく振り混ぜてから使用してください。

食品の水あめが主成分で、有機農産物栽培（有機JAS規格）にも使用できます。有効成分がアブラムシ、コナジラミ類、ハダニ類、うどんこ病の病原菌を包み込んで退治し、薬剤抵抗性がつきやすい害虫にも効果があります。イヤな臭いがなく、収穫前日まで使え、使用回数の制限がありません。

効果のある主な病害虫

アブラムシ類、コナジラミ類、ナミハダニ、カンザワハダニなどのハダニ類、うどんこ病など

使用できる主な野菜

イチゴ、キュウリ、トマト、ナスなどの果菜類、キャベツなどの葉菜類、ダイコンなどの根菜類、シソ、マメ類、ジャガイモなどのイモ類、ハーブ類

ベニカナチュラルスプレー ●殺虫殺菌剤 ●有効成分：還元澱粉糖化物、調合油、BT

Data

剤型 ──── スプレー剤
作用 ──── 殺虫、予防（虫、病気）、治療（病気）
取り扱い ── 住友化学園芸

使い方　病害虫の増殖や外部からの飛び込みが活発なときには、5〜7日間隔の連続散布で使用します。チョウ目以外の害虫には散布液が直接害虫にかからないと効果がないため、葉の表裏の害虫にむらなく薬液がかかるよう丁寧に散布します。

食品の水あめと植物油（サフラワー油、綿実油）、天然の有用菌（B.t.菌）の3成分を配合した新タイプの殺虫殺菌剤。総使用回数の制限がなく、発生前〜食べる直前まで繰り返し何度でも使用できます。病害虫の発生前の予防にも効果的です。

効果のある主な病害虫

アブラムシ類、コナジラミ類、ハダニ類、アオムシ、オオタバコガ、ハスモンヨトウ、うどんこ病など

使用できる主な野菜

キュウリ、トマト、ナスなどの果菜類、キャベツ、ブロッコリーなどの葉菜類をはじめとした野菜類、ハーブ類

カダンセーフ ●殺虫殺菌剤 ●有効成分：ソルビタン脂肪酸エステル

Data

剤型 ── スプレー剤
作用 ── 物理的防除
取り扱い ─ フマキラー

使い方　容器をよく振ってから、害虫や病原菌を包み込むようにたっぷりとスプレーします。容器を逆さにしても散布できます。病害虫の発生が多い場合は、5〜7日間隔で連続散布してください。

注意　灰色かび病が多発した場合は、効果がやや低くなりますので、他剤と併用してください。

ヤシ油からとった油分とジャガイモやトウモロコシのデンプンから作られた、ソルビトールを合成したソルビタン脂肪酸エステルが有効成分。食品添加物の膜が病害虫を包んで退治します。天然アミノ酸の活力成分も入っており、さまざまな野菜やハーブに使え、収穫当日まで何度でも使用できます。

効果のある主な病害虫

アブラムシ類、コナジラミ類、ハダニ類、アオムシ、うどんこ病など

使用できる主な野菜

イチゴ、キュウリ、トマト、ナスなどの果菜類、キャベツなどの葉菜類、ダイコンなどの根菜類、ジャガイモなどのイモ類、ハーブ類

エコピタ液剤　●殺虫殺菌剤　●有効成分：還元澱粉糖化物

Data

剤型 —— 液剤
作用 —— 物理的防除
取り扱い —— 協友アグリ

使い方　水で規定倍率に希釈し、噴霧器やスプレーに入れて発生部位を中心に葉の裏まで散布します。

注意　害虫の繁殖や圃場外から飛び込みが活発なときには、5〜7日間隔の連続2回散布をします。

薬剤抵抗性が発達しやすいアブラムシ類、ハダニ類、コナジラミ類やうどんこ病に対して効果を発揮します。物理的に作用する(薬剤が害虫の気門を塞ぎ、病原菌を包み込む)剤であるため、薬剤抵抗性がつく心配がありません。野菜をはじめ広範囲な作物に使用できます。

効果のある主な病害虫

アブラムシ類、コナジラミ類、ハダニ類、うどんこ病など

使用できる主な野菜

野菜類、ハーブ類など

[化学合成薬剤] 有効成分を化学的に合成して作られた薬剤。

ベニカ X ガード粒剤　●殺虫殺菌剤　●有効成分：クロチアニジン、BT

Data

剤型 —— 粒剤
作用 —— 殺虫(持続性)、殺菌(予防)
取り扱い —— 住友化学園芸

使い方　種まき、植え付け時に土に混ぜ込んだり、植え付け後に株元にばらまきます。散布は1か所に集中せず均一に散布します。

注意　病害の予防に使用する場合、発病後では効果が得られないため、必ず発病前に使用してください。ミツバチ及び蚕に影響があるので注意して使用します。

家庭園芸初の粒タイプの殺虫殺菌剤。殺虫成分は根から吸収され、薬効が葉の隅々まで行きわたり、害虫の被害から植物全体を守ります。有用微生物(B.t.菌)の作用により植物が本来もっている抵抗力を高め、丈夫にすることで病気を予防します(抵抗性誘導)。

効果のある主な病害虫

アブラムシ類、コナジラミ類、アオムシ、ハイマダラノメイガ、ネギアザミウマ、うどんこ病など

使用できる主な野菜

イチゴ、キャベツ、キュウリ、ジャガイモ、ダイコン、トマト、ナス、ネギ、ミニトマト、ハクサイ、ピーマン、ブロッコリー

ベニカXファインスプレー　●殺虫殺菌剤　●有効成分：クロチアニジン、フェンプロパトリン、メパニピリム

Data

剤型 —— スプレー剤
作用 —— 殺虫(接触毒、持続性)殺菌(予防)
取り扱い – 住友化学園芸

使い方　薄めずにそのまま、薬液を直接、植物にスプレーします。散布量は葉先からしたたり落ち始める程度が効果的です。病害虫の発生初期にすみやかに散布し、発生部位に丁寧に散布します。

注意　使用する前にスプレー容器をよく振ってから使用してください。

殺虫成分2種類と殺菌成分を配合した殺虫殺菌剤です。害虫に対しては速効性と持続性があり、アブラムシで約1か月有効です。殺菌成分は葉の表面から裏面に浸透するため、葉裏に薬液がかからなくても、裏面についた病原菌の侵入を防ぎます。容器を逆さにしても散布ができます。

効果のある主な病害虫

アブラムシ類、ケムシ、コナジラミ類、ハダニ類、ハモグリバエ類、ヨトウムシ類、うどんこ病、褐斑病、灰色かび病

使用できる主な野菜

キュウリ、トマト、ナス、ミニトマト

カダンプラスDX ●殺虫殺菌剤 ●有効成分： エマメクチン安息香酸塩、チアメトキサム、ジフェノコナゾール

Data

剤型 —— スプレー剤
作用 —— 殺虫（接触毒、持続性）
　　　　殺菌（予防、治療）
取り扱い —— フマキラー

使い方 薄めずにそのまま、植物にスプレーします。散布量は薬液が葉先からしたたり落ち始める程度が効果的です。病害虫の発生初期に株全体に丁寧に散布します。

注意 日中、高温時、強風時、降雨前の使用は避けます。結球前のキャベツの新葉には薬害が生じるのでかからないようにします。

病気と害虫を1本で防除できる殺虫殺菌剤です。殺菌成分には、病気の発生予防と進行を防ぐ治療効果があります。浸透移行性の成分が葉から吸収され、植物のすみずみにまで行き渡るので、葉の裏などに隠れた虫も簡単に防除できます。アブラムシには1か月の持続性があります。植物をいたわる活力成分配合。

効果のある主な病害虫

アオムシ、アブラムシ類、コナジラミ類、テントウムシダマシ類、ハダニ類、ハスモンヨトウ、うどんこ病、葉かび病

使用できる主な野菜

イチゴ、キャベツ、キュウリ、トマト、ナス

スターガードプラスAL ●殺虫殺菌剤 ●有効成分： ジノテフラン、ペンチオピラド

Data

剤型 —— スプレー剤
作用 —— 殺虫（接触毒、持続性）
　　　　殺菌（予防、治療）
取り扱い —— アース製薬

使い方 薄めずにそのまま、薬液を直接、植物にスプレーします。発生初期にすみやかに散布し、発生部位に丁寧に散布します。

注意 使用する前にスプレー容器をよく振ってから使用してください。日中高温時、強風時、降雨直前の使用は避けます。

いろいろな野菜の害虫や病気を同時に防除します。浸透移行性に優れ、コナジラミ類、アブラムシ類やうどんこ病、黒星病にも効果があります。ナス、トマト、ミニトマト、ピーマン、キュウリには収穫前日まで使用できます。

効果のある主な病害虫

アブラムシ類、コナジラミ類、ウリハムシ、アザミウマ類、カメムシ類、うどんこ病、葉かび病、さび病、黒星病など

使用できる主な野菜

エダマメ、オクラ、キャベツ、キュウリ、サヤエンドウ、トマト、ナス、ネギ、ハクサイ、ピーマン、ブロッコリー、ミニトマト、メロンなど

ベニカXネクストスプレー ●殺虫殺菌剤 ●有効成分： 還元澱粉糖化物、クロチアニジン、ピリダリル、ペルメトリン、マンデストロビン

Data

剤型 —— スプレー剤
作用 —— 殺虫（接触毒、物理的防除、持続性）、
　　　　殺菌（予防、治療）
取り扱い —— 住友化学園芸

使い方 薄めずにそのまま、薬液を直接、植物にスプレーします。散布量は葉先からしたたり落ち始める程度が効果的です。発生初期にすみやかに、発生部位に丁寧に散布します。

注意 使用する前にスプレー容器をよく振ってから使用してください。

化学防除成分と物理的防除成分を組み合わせ、5種類の成分を配合した殺虫殺菌スプレー剤です。幅広い植物に使え、化学防除成分と物理防除成分の働きで、退治の難しいチョウ目老齢幼虫や薬剤抵抗性害虫にも効きます。病気の予防・治療にも効果的です。

効果のある主な病害虫

アブラムシ類、ハダニ類、ハスモンヨトウ、ウリハムシ、オオタバコガ、テントウムシダマシ類、ハモグリバエ類、アオムシ、コナガ、うどんこ病、菌核病

使用できる主な野菜

キャベツ、キュウリ、トマト、ナス、ハクサイ、ミニトマト、メロン、レタスなど

ベニカベジフルVスプレー ●殺虫殺菌剤 ●有効成分：クロチアニジン、ミクロブタニル

Data
剤型 —— スプレー剤
作用 —— 殺虫（持続性）、殺菌（予防、治療）
取り扱い —— 住友化学園芸

使い方 害虫の発生初期、病気の発生前から発生初期に発生部位を中心にスプレーします。

注意 重複散布や多量散布をしないように注意してください（薬害）。かぶれやすい人は取り扱いに十分注意してください。風向きにより周辺にかからないように注意します。

野菜と果樹の病害虫を防除するスプレー剤。持続性のある殺虫成分で、月に1回散布するだけで害虫（アブラムシ）から植物を守ります。予防効果と治療効果のある殺菌成分により、病気の発生前から発生初期にかけて植物を病原菌から守ります。

効果のある主な病害虫
アブラムシ類、コナジラミ類、ネギアザミウマ、カメムシ類、うどんこ病、葉かび病など

使用できる主な野菜
カボチャ、キュウリ、トマト、ナス、ピーマン、ミニトマト、ネギ

殺虫剤
害虫を退治する殺虫剤には、害虫の体に直接作用する接触剤、成分を植物に吸収させる浸透移行性剤、食べさせて作用する食毒剤、誘い出し退治する誘殺剤などがあります。

［自然派薬剤］有効成分が天然成分で、人や環境にやさしい薬剤。

パイベニカVスプレー ●殺虫剤 ●有効成分：ピレトリン

Data
剤型 —— スプレー剤
作用 —— 接触毒
取り扱い —— 住友化学園芸

使い方 そのまま発生部位を中心に散布します。発生密度が高くなると効果が劣る場合があるので、発生初期に散布することが望ましいです。

注意 風向きを考え、周辺に散布液がかからないようにします。ミツバチ及び蚕に影響があるので注意します。

植物生まれ、天然成分100％の殺虫スプレー剤です。天然除虫菊エキスで、有機農産物（有機JAS規格）で使用できます。アオムシ、コナガ、テントウムシダマシなど、葉をかじる虫を速効退治し、アブラムシ、ハダニ、コナジラミなどの群生して吸汁する虫にも効果があります。

効果のある主な害虫
アブラムシ類、オンシツコナジラミ、ウリハムシ、テントウムシダマシ類、ハダニ類、アオムシ、コナガなど

使用できる主な野菜
イチゴ、キュウリ、コマツナ、トマト、ナス、キャベツ、ミニトマト

STゼンターリ顆粒水和剤 ●殺虫剤 ●有効成分：BT

Data
剤型 —— 水和剤
作用 —— 食毒
取り扱い —— 住友化学園芸

使い方 水で希釈し、噴霧器やスプレーに入れて被害部位を中心に散布します。

注意 石灰硫黄合剤、ボルドー液などの農薬及びアルカリ性の強い葉面散布施用の肥料などとの混用はさけてください。目に入らないよう、また皮膚に付着しないように注意してください。

天然微生物（*B.t.*菌）が作る有効成分がアオムシ、ヨトウムシ、コナガなどチョウ目害虫に効きます。従来のBT剤で効果が低かったヨトウムシや、抵抗性のついたコナガにも有効。収穫前日まで使え、有機農産物（有機JAS規格）の栽培で使えます。

効果のある主な害虫
アオムシ、コナガ、ヨトウムシ、オオタバコガ、シロイチモジヨトウ、ハスモンヨトウ、ウリノメイガ、キアゲハ、ベニフキノメイガなど

使用できる主な野菜
野菜類、ハーブ類、イモ類、マメ類、ソバ、トウモロコシなど

スピノエース顆粒水和剤　●殺虫剤　●有効成分：スピノサド

Data

剤型 ——— 水和剤
作用 ——— 食毒、接触毒
取り扱い —— 日本農薬など

使い方　水で希釈し、噴霧器やスプレーに入れて葉裏にもかかるように丁寧に散布します。

注意　目に入らないよう、また皮膚への付着に注意してください。ミツバチに影響があるため巣箱やその周辺にかからないようにし、河川、養殖池等に飛散、流入しないようにします。

土壌放線菌から生まれた、新しい殺虫剤。従来の殺虫剤とは全く異なる作用機作(さ よう き さ)を持つため、薬剤抵抗性の発達により既存薬剤では防除が困難なコナガやアオムシなどに効果があります。散布後は太陽光線や微生物の働きで、多様な腐植成分、水、炭酸ガスなどに代謝されます。

効果のある主な害虫

アオムシ、コナガ、ヨトウムシ類、カブラハバチ、ハイマダラノメイガ、オオタバコガ、ハモグリバエ類、アザミウマ類など

使用できる主な野菜

カブ、ダイコン、ハツカダイコン、サヤエンドウ、トマト、キュウリ、ナス、ネギ、キャベツ、ハクサイ、ミニトマト、ルッコラ、レタスなど

［化学合成薬剤］ 有効成分を化学的に合成して作られた薬剤。

アディオン乳剤　●殺虫剤　●有効成分：ペルメトリン

Data

剤型 ——— 乳剤
作用 ——— 接触毒、持続性
取り扱い —— 住友化学など

使い方　水で希釈し、噴霧器やスプレーに入れて発生部位を中心に散布します。

注意　目に入らないよう、また皮膚への付着に注意してください。河川、養殖池等に飛散、流入しないよう注意して使用します。蚕、ミツバチの周辺では飛散に注意してください。

優れた残効性と特異な忌避作用があります。ピレスロイド剤特有の速効的ノックダウン効果を示します。広範囲の害虫に対して有効です。

効果のある主な害虫

アブラムシ類、シンクイムシ類、ハマキムシ類、カメムシ類、オンシツコナジラミ、ヨトウムシ類、タバコガ、アオムシ、コナガ、ネギコガ、ハモグリバエ類、テントウムシダマシ類、ハイマダラノメイガ、アワノメイガなど

使用できる主な野菜

キュウリ、ズッキーニ、ニガウリ、メロン、カボチャ、イチゴ、ピーマン、トウガラシ類、キャベツ、ハクサイ、ダイコン、ブロッコリー、レタス、タマネギ、ネギ、サヤエンドウ、ホウレンソウ、シュンギク、シソ、オクラ、ソラマメ、トマト、ミニトマト、ナス、ジャガイモ、トウモロコシ、サツマイモなど

アファーム乳剤　●殺虫剤　●有効成分：エマメクチン安息香酸塩

Data

剤型 ——— 乳剤
作用 ——— 接触毒
取り扱い —— シンジェンタ ジャパンなど

使い方　水で規定倍率に薄め、スプレーや噴霧器に入れて、害虫の発生初期に発生部位を中心に丁寧に散布します。

注意　ミツバチに影響があるので、巣箱やその周辺にかからないようにします。自動車などの塗装面にかからないようにします(変色)。

速効性と幅広い殺虫活性があります。多くの作物で収穫前日数が短いので作物の生育時期を選ばず、害虫の発生に応じて使用できます。浸達性に優れ、葉の中の害虫にも効果を発揮します。大型チョウ目害虫の老熟幼虫をすばやく退治します。アザミウマ、ハモグリバエ、ハダニ、アオムシ、ホコリダニなどを同時に防除できます。

効果のある主な害虫

ヨトウムシ、オオタバコガ、ハイマダラノメイガ、ハダニ類、ハモグリバエ類、アオムシ、チャホコリダニなど

使用できる主な野菜

イチゴ、エダマメ、カブ、コマツナ、サヤエンドウ、セルリー、キャベツ、キュウリ、ズッキーニ、ダイコン、トウモロコシ、トマト、ナス、ニガウリ、ニンジン、ネギ、ミニトマト、ハクサイ、ピーマン、ブロッコリー、ルッコラ、レタスなど

家庭園芸用スミチオン乳剤　●殺虫剤　●有効成分：MEP

Data

剤型 ——— 乳剤
作用 ——— 接触毒
取り扱い —— 住友化学園芸

使い方　水で希釈し、噴霧器やスプレーに入れて発生部位を中心に散布します。

注意　アルカリ性の強い農薬とは混用しないでください。アブラナ科作物にはかからないようにしてください（薬害）。自動車、壁などの塗装面、大理石、御影石に散布液がかからないようにします（塗装汚染・変色）。

草花・庭木・野菜や果樹などを加害する広範囲の害虫に効果のある代表的な家庭園芸用殺虫剤です。広範囲の植物に登録があり、使える対象害虫の数も豊富です。

効果のある主な害虫

アブラムシ類、テントウムシダマシ類、アザミウマ類、カメムシ類、ネギコガ、マメヒメサヤムシガなど

使用できる主な野菜

イチゴ、キュウリ、カボチャ、ゴボウ、ソラマメ、トウモロコシ、トマト、ナス、ネギ、タマネギ、ジャガイモ、サツマイモ、ホウレンソウなど

家庭園芸用マラソン乳剤　●殺虫剤　●有効成分：マラソン

Data

剤型 ——— 乳剤
作用 ——— 接触毒
取り扱い —— 住友化学園芸など

使い方　水で希釈し、噴霧器やスプレーに入れて発生部位を中心に散布します。

注意　アルカリ性薬剤、銅剤との混用はさけてください。散布液調製時には保護メガネを着用して、目に入らないようにし、皮膚についた場合は石けんでよく洗い流してください。

植物への薬害が少なく、広範囲の害虫に効果のある代表的な家庭園芸用殺虫剤です。

効果のある主な害虫

アブラムシ類、ハダニ類、コガネムシ類、アザミウマ類、ウリハムシ、ハモグリバエ類、カメムシ類、アオムシ、カブラハバチ、キアゲハなど

使用できる主な野菜

イチゴ、キュウリ、カブ、カボチャ、ダイコン、タマネギ、トマト、ナス、ニガウリ、ニンジン、ネギ、キャベツ、ハクサイ、ピーマン、ブロッコリー、レタスなど

ダントツ水溶剤　●殺虫剤　●有効成分：クロチアニジン

Data

剤型 ——— 水溶剤
作用 ——— 接触毒、持続性
取り扱い —— 住友化学、協友アグリなど

使い方　噴霧器やスプレーに入れて発生部位を中心に散布します。

注意　ミツバチの巣箱周辺で散布しないようにします。目に入らないように注意し、散布器具及び容器の洗浄水は、河川等に流さないでください。自動車などの塗装面への付着に気をつけます。

幅広い作物に使用でき、茎葉部から作物体内に吸収されて、作物全体へ浸透移行していく殺虫剤です。葉の表から裏への移行性も示し、アブラムシなど葉裏に生息している害虫にも防除効果を発揮します。

効果のある主な害虫

アブラムシ類、コナジラミ類、ウンカ類、ヨコバイ類、カメムシ類、コナカイガラムシ類、アザミウマ目害虫、チョウ目害虫、コウチュウ目害虫、ハモグリバエ、ハモグリガなど

使用できる主な野菜

キュウリ、トマト、ナス、ミニトマトなどの果菜類、キャベツ、ブロッコリーなどの葉菜類、ダイコン、カブなどの根菜類、ジャガイモ、サツマイモなどのイモ類

ジェイエース粒剤　●殺虫剤　●有効成分：アセフェート

Data

剤型 ──── 粒剤
作用 ──── 持続性
取り扱い ── JA全農

使い方　播種前の土壌に散布して混ぜ込むか、定植時の植え穴に混ぜ込みます。または株元の土に散布します。

JAグループが生産資材コスト低減のために開発したジェネリックの園芸用殺虫剤です。アセフェートを含む有機リン剤なので、多種類の害虫に速効的に効果を発揮します。

効果のある主な害虫

アブラムシ類、オンシツコナジラミ、アザミウマ類、アオムシ、コナガ、ヨトウムシなど

使用できる主な野菜

キャベツ、ハクサイ、ブロッコリー、ダイコン、カブ、キュウリ、トマト、ナス、ミズナ、ジャガイモ、ゴボウ、コマツナなど

ダニ太郎　●殺虫剤　●有効成分：ビフェナゼート

Data

剤型 ──── 水和剤
作用 ──── 接触毒（殺ダニ）
取り扱い ── 住友化学園芸

使い方　水で希釈し、噴霧器やスプレーに入れて葉の裏表にむらなく散布します。

注意　容器をよく振ってから使います。ボルドー液との混用は避けます。連続散布はハダニの抵抗性をつけることがあるので、できるだけ年1回の散布とし、ほかの殺ダニ剤との輪番で使用してください。

植物に寄生する各種のハダニ、サビダニを退治します。ハダニの各生育ステージ（卵、幼虫、成虫）に作用して効果が持続します。ミツバチ・マメコバチなどの有用昆虫や、カブリダニ、ハネカクシなどの天敵に対する影響は少ないです。

効果のある主な害虫

ナミハダニ、カンザワハダニなどのハダニ類、トマトサビダニ、チャノナガサビダニなど

使用できる主な野菜

イチゴ、スイカ、メロン、キュウリ、ナス、ピーマン、トマト、ミニトマト、シソ、バジル、ローズマリー、ミント類など

スタークル顆粒水溶剤　●殺虫剤　●有効成分：ジノテフラン

Data

剤型 ──── 水溶剤
作用 ──── 接触毒、持続性
取り扱い ── 北興化学工業など

使い方　水で希釈し、噴霧器やスプレーに入れて発生部位を中心に散布します。

注意　目に入らないようにし、皮膚についた場合は石けんでよく洗い流してください。

アブラムシ類、コナジラミ類、カメムシ類、コナカイガラムシ類などの植物を吸汁加害する半翅目害虫、キスジノミハムシなどの甲虫目、野菜・花きのマメハモグリバエ等の双翅目やアブラナ科野菜のコナガ、及びアザミウマ類にも優れた効果があります。

効果のある主な害虫

アブラムシ類、コナジラミ類、カメムシ類、コナカイガラムシ類、キスジノミハムシ、マメハモグリバエ、コナガ、アザミウマ類など

使用できる主な野菜

ホウレンソウ、キャベツ、キュウリ、サツマイモ、ジャガイモ、セルリー、ダイコン、トマト、ナス、コマツナ、ハクサイ、ルッコラ、シュンギク、ミニトマト、レタスなど

ベニカ Ａスプレー　　●殺虫剤　　●有効成分：ペルメトリン

Data

剤型 ——— スプレー剤
作用 ——— 接触毒、持続性
取り扱い —— 住友化学園芸

使い方　そのまま発生部位を中心に散布します。キャベツのネキリムシ退治に、株元の土壌に噴霧することもできます。

注意　使用の際には容器を数回振ってから使用してください。風向きを考え、周辺に散布液がかからないようにします。ミツバチ及び蚕に影響があるので注意します。

葉や果実を食べる虫をすばやく退治するスプレー剤。集中噴霧やワイドな霧でむらなく散布できる切り替えノズルを採用。収穫前日まで使えます（トマト、ナス、キュウリなど）。

効果のある主な害虫

アブラムシ類、オンシツコナジラミ、カメムシ類、テントウムシダマシ類、ウリハムシ、フキノメイガ、アオムシ、コナガ、ヨトウムシ、ハイマダラノメイガ、ネギコガ、アワノメイガなど

使用できる主な野菜

キュウリ、カブ、カボチャ、ダイコン、トマト、トウモロコシ、ナス、ネギ、キャベツ、ジャガイモ、ズッキーニ、ハクサイ、ピーマン、ブロッコリー、レタスなど

ベニカベジフルスプレー　　●殺虫剤　　●有効成分：クロチアニジン

Data

剤型 ——— スプレー剤
作用 ——— 速効性、持続性
取り扱い —— 住友化学園芸

使い方　薄めずにそのまま、植物にスプレーします。害虫の発生初期に発生部位を中心に丁寧に散布します。

注意　体調のすぐれないときは散布しないでください。目に入らないように気をつけ、アオムシには若齢幼虫期に散布します。ミツバチおよび蚕に影響があるので、気をつけます。

野菜と果樹の害虫退治に効果がある殺虫剤です。幅広い害虫に優れた効果があり、ダイコン、キャベツなどの野菜、ウメ、カキ、カンキツなどの果樹に使えます。速効性と持続性（アブラムシで約1か月）を実現。有効成分は葉裏まで浸透し、葉の中や葉裏の害虫まで退治します。

効果のある主な害虫

アブラムシ類、アオムシ、コナガ、ネギアザミウマ、ダイコンハムシ、カメムシ類、コナジラミ類、ウリハムシ、ハモグリバエ類、ミナミキイロアザミウマ、テントウムシダマシ類など

使用できる主な野菜

エダマメ、オクラ、カブ、カボチャ、キャベツ、キュウリ、コマツナ、ジャガイモ、シュンギク、ダイコン、チンゲンサイ、トウガラシ類、未成熟トウモロコシ、トマト、ナス、ニガウリ、ネギ、ハクサイ、ピーマン、ブロッコリー、ミニトマト、ミツバなど

家庭園芸用サンケイダイアジノン粒剤3　　●殺虫剤　　●有効成分：ダイアジノン

Data

剤型 ——— 粒剤
作用 ——— 接触毒
取り扱い —— 住友化学園芸

使い方　タネまき時や定植時の土壌に散布し、土とよく混ぜて使用します。コガネムシ類幼虫に対して作物の生育期に使用する場合は植え溝に処理して、軽く土を混和してください。

注意　かぶれやすい人は取り扱いに注意してください。

土の中に潜むコガネムシの幼虫やネキリムシだけでなく、ウリハムシの幼虫も退治する土壌害虫の殺虫剤です。接触効果だけでなく、殺虫成分が土の中に広がって効果的に害虫を退治します。

効果のある主な害虫

コガネムシ類幼虫、タネバエ、ケラ、ネキリムシ類、ウリハムシ幼虫、コオロギなど

使用できる主な野菜

カボチャ、キャベツ、キュウリ、サツマイモ、ジャガイモ、ダイコン、タマネギ、トマト、ナス、ネギ、ハクサイ、ピーマン、ブロッコリー、メロン、レタスなど

三明デナポン粒剤5　●殺虫剤　●有効成分：NAC

Data
剤型 ——— 粒剤
作用 ——— 接触毒
取り扱い —— 住友化学園芸、三明ケミカルなど

使い方　株の先端に雄の穂が出てくる時期と、雌の穂（果実）が出てくる時期に、薬剤の粒が穂や葉の付け根部分にたまるように少量ずつムラなく散布します。

未成熟トウモロコシを食害するアワノメイガ、ダイメイチュウ（イネヨトウ）を効果的に退治する専門の薬剤。散布しやすい粒剤なので、手軽に使用できます。

効果のある主な害虫
アワノメイガ、ダイメイチュウ（イネヨトウ）

使用できる主な野菜
未成熟トウモロコシ
※ヤングコーンには使用できません。

家庭園芸用 GF オルトラン粒剤　●殺虫剤　●有効成分：アセフェート

Data
剤型 ——— 粒剤
作用 ——— 接触毒、持続性
取り扱い —— 住友化学園芸

使い方　タネまき時や定植時のまき溝や植え穴に散布して土とよく混ぜ、タネをまき、苗を植え付けます。土壌が湿っていると早く効き目が現れるため、植え付け後に適度な水やりをします。

[注意] 間引き菜やつまみ菜には使用しないようにします。

ばらまくだけで広範囲の害虫に対して効果が持続する優れた浸透移行性殺虫剤です。根から吸われた成分が株全体にいきわたり、野菜を害虫から長く守ります。食害性害虫と吸汁性害虫の両方に効果があります。

効果のある主な害虫
アブラムシ類、アザミウマ類、オンシツコナジラミ、ネキリムシ類、ヨトウムシ、アオムシ、コナガなど

使用できる主な野菜
エダマメ、カブ、コマツナ、キャベツ、キュウリ、ジャガイモ、ダイコン、トマト、ナス、ハクサイ、ピーマン、ブロッコリーなど

家庭園芸用 GF オルトラン水和剤　●殺虫剤　●有効成分：アセフェート

Data
剤型 ——— 水和剤
作用 ——— 接触毒、持続性
取り扱い —— 住友化学園芸

使い方　水で希釈して散布します。発生密度が高くなると効果が劣る場合があるので、発生初期に散布することが望ましいです。

[注意] 風向きを考え、周辺に散布液がかからないようにします。ミツバチ及び蚕に影響があるので注意します。

葉や茎から吸収されて植物体内にいきわたり、広範囲の害虫に対して効果が持続する優れた浸透移行性殺虫剤です。薬剤散布後に飛来した害虫や散布液がかかりにくい場所の害虫にも効果があります。食害性害虫と吸汁性害虫に効果があります。

効果のある主な害虫
アブラムシ類、アザミウマ類、オオタバコガ、テントウムシダマシ幼虫、カブラハバチ、アオムシ、コナガ、ヨトウムシ、タマナギンウワバ、ネギコガ、アワノメイガなど

使用できる主な野菜
エダマメ、トウモロコシ、タマネギ、キャベツ、ジャガイモ、オクラ、ニンニク、ショウガ、コマツナ、チンゲンサイ、ハクサイなど

ネキリベイト　●殺虫剤　●有効成分：ペルメトリン

Data

剤型 ―――― ペレット剤
作用 ―――― 誘引殺虫
取り扱い ―― 住友化学園芸

使い方　ネキリムシの活動が始まる夕方に薬剤の粒を株元の土にばらまきます。苗の植え付け後やタネまき後に使用します。

注意 犬や猫が食べる可能性がある場所では使用しないでください。

土の中に潜むネキリムシを誘い出し、食べさせて退治する殺虫剤です。効果は速効性で、夕方に株元にばらまくと、一晩で効果が現れます。植え付け後や発芽後の作物を害虫から守るので、被害防止に有効です。

効果のある主な害虫

ネキリムシ類

使用できる主な野菜

イチゴ、カブ、カボチャ、キャベツ、キュウリ、ゴボウ、サツマイモ、タマネギ、トマト、ナス、ネギ、ハクサイ、ピーマン、ブロッコリー、ミニトマト、ラッカセイ、レタスなど

ナメナイト　●殺虫剤　●有効成分：メタアルデヒド

Data

剤型 ―――― ペレット剤
作用 ―――― 誘引殺虫
取り扱い ―― 住友化学園芸

使い方　ナメクジが活動を開始する夕方に、株元の土に粒をばらまきます。ナメクジが出没する雨上がりに散布すると効果的です。日中の乾燥時はナメクジが潜伏しているので、使用を避けます。

注意 濡れると効果が減少するため、温室では2～3日は灌水がかからないように気をつけます。

新芽・花・葉などを夜間に食害するナメクジ、カタツムリ類を誘い出し、食べさせて退治する誘引殺虫剤です。特殊製法で造粒した粒は水に濡れても崩れにくく、雨の多い時期でも効果が持続します。夕方散布すれば、一晩で効果が現れます。

効果のある主な害虫

ナメクジ類、カタツムリ類

使用できる主な野菜

イチゴ、キャベツ、ハクサイ、レタス

ベニカ水溶剤　●殺虫剤　●有効成分：クロチアニジン

Data

剤型 ――――― 水溶剤
作用 ――――― 接触毒、浸透移行性
取り扱い ――― 住友化学園芸

使い方　水で希釈し、噴霧器やスプレー容器などに入れて、害虫の発生初期に散布します。薬液が葉先からしたたり落ち始めるまで、株全体に散布します。

注意 目に入らないように気をつけ、ミツバチの巣箱の周辺にかからないようにします。

葉や茎から吸収されて植物体内にいきわたり、殺虫効果が持続する（アブラムシで約1か月）浸透移行性殺虫剤です。有効成分は葉の表から裏に移行し、直接殺虫剤がかかりにくいところの害虫も退治します。食害性害虫と吸汁性害虫の両方に使えます。

効果のある主な害虫

アオムシ、アブラムシ類、アザミウマ類、カメムシ類、テントウムシダマシ類、ウリハムシ、ハモグリバエ類、コナガ、コナジラミ類、ツマジロクサヨトウ、ダイコンハムシなど

使用できる主な野菜

エダマメ、オクラ、カブ、コマツナ、キャベツ、キュウリ、ジャガイモ、ダイコン、トマト、ナス、ハクサイ、ピーマン、ブロッコリー、ミニトマトなど

殺菌剤

病原菌の増殖を抑えるのが殺菌剤です。
予防効果が主体なタイプと、予防と治療を兼ね備えたタイプがあります。

[自然派薬剤] 有効成分が天然成分や食品添加物で、人や環境にやさしい薬剤。

家庭園芸用カリグリーン ●殺菌剤 ●有効成分：炭酸水素カリウム

Data
剤型 ——— 水溶剤
作用 ——— 治療
取り扱い —— 住友化学園芸

使い方　水で希釈し、噴霧器やスプレーに入れて発生初期に散布します。展着剤を加用すると効果的です。

注意 目に対して刺激性があるので、目に入らないよう注意します。皮膚に弱い刺激性があるため付着に注意します。

人と環境にやさしい炭酸水素カリウムが主成分の殺菌剤です。有機農産物栽培（有機JAS規格）で使用でき、野菜類では散布翌日に収穫ができます。暑さや寒さなどの不良環境に対する抵抗性を増すなどの作用のあるカリ肥料としての働きもあります。

効果のある主な病害
うどんこ病、さび病、灰色かび病、葉かび病

使用できる主な野菜
キュウリ、トマト、ナス、ミニトマトなどの果菜類、キャベツ、ブロッコリーなどの葉菜類、ダイコンなどの根菜類、ハーブ類

サンボルドー ●殺菌剤 ●有効成分：塩基性塩化銅

Data
剤型 ——— 水和剤
作用 ——— 予防
取り扱い —— 住友化学園芸

使い方　水で希釈し、噴霧器やスプレーに入れて発生前〜発生初期に散布します。

注意 石灰硫黄合剤、マシン油乳剤、有機硫黄剤などとの混用は避けます。目に対して刺激性があるので、目に入らないよう注意します。

塩基性塩化銅が主成分で、各種病原菌に対して予防効果を発揮する保護殺菌剤です。斑点細菌病など細菌によって起こる病気、カビ（糸状菌）が原因のべと病、もち病などに効果があります。有機農産物栽培（有機JAS規格）で使えます。

効果のある主な病害
斑点細菌病、べと病、褐色腐敗病、疫病など

使用できる主な野菜
キュウリ、トマト、ナス、キャベツ、ダイコン、ジャガイモ

Zボルドー ●殺菌剤 ●有効成分：塩基性硫酸銅

Data
剤型 ——— 水和剤
作用 ——— 予防
取り扱い —— 日本農薬など

使い方　水で規定倍率に薄め、よくかきまぜてから散布します。

注意 石灰硫黄合剤などのアルカリ性薬剤との混用は避けます。ウリ科野菜に薬害を生じやすいため、生育中期以降に散布し、高温時は散布を避けます。キャベツ、ハクサイなどの結球野菜には、結球初期までに使用します（薬害のおそれ）。

無機銅剤（塩基性硫酸銅）で、糸状菌病害から細菌性病害まで幅広い病害に予防効果があります。野菜類の登録があり、多くの作物に使えます。耐性菌出現リスクが低く、既存剤に対する耐性菌にも有効です。有機JASの有機農産物栽培に使えます。

効果のある主な病害
褐斑細菌病、軟腐病、べと病、疫病、炭疽病、白さび病、赤色斑点病、うどんこ病、輪紋病など

使用できる主な野菜
野菜類、ハーブ類

[化学合成薬剤] 有効成分を化学的に合成して作られた薬剤。

石原フロンサイド粉剤　　● 殺菌剤　　● 有効成分：フルアジナム

Data

剤型 ——— 粉剤
作用 ——— 予防
取り扱い —— 石原バイオサイエンス、
　　　　　　住友化学園芸

使い方　土に混ぜたり、株元に散布する（ネギ、ニラ、ラッカセイ）だけで、土の殺菌・消毒ができます。砕土をよく行った後、所定量の薬剤を均一に散布し、土壌と十分混和してください。降雨直後の処理はしないでください（混和むら）。根こぶ病を対象に多量に使用すると初期生育が抑制される場合があるので、適用薬量の範囲で使用してください。

アブラナ科野菜の根こぶ病、キャベツの苗立枯病や菌核病、ジャガイモのそうか病、粉状そうか病、ネギの白絹病などの広範の病害に有効な土壌殺菌剤です。土壌処理後、長期間にわたって根こぶ病による被害を抑えます。土壌中で適度に分解するため、後作物には、ほとんど影響がありません。

効果のある主な病害

そうか病、根こぶ病、菌核病、白絹病、
苗立枯病、立枯病など

使用できる主な野菜

キャベツ、コマツナ、ジャガイモ、ダイコン、タマネギ、ネギ、
ハクサイ、ブロッコリー、ラッカセイ、レタスなど

STダコニール1000　　● 殺菌剤　　● 有効成分：TPN

Data

剤型 ——— 水和剤
作用 ——— 予防
取り扱い —— 住友化学園芸

使い方　水で希釈し、噴霧器やスプレーに入れて発生前〜発生初期に散布します。薬液が葉先からしたたり落ち始めるまで、株全体に散布します。

注意　使用直前に、容器をよく振ります。石灰硫黄合剤との混用は避けます。盛夏の高温時の使用は避けます。

カビ（糸状菌）によって起こり、とくにもち病や炭疽病、斑点病など葉が変色するタイプの広範囲の病気に効果がある殺菌剤です。耐光性、耐雨性に優れ、病気から植物を守る残効性があります。病原菌に対して抵抗性がつきにくい保護殺菌剤です。

効果のある主な病害

斑点病、べと病、炭疽病、うどんこ病、灰色かび病、褐斑病、
黒星病、白さび病、ワッカ症、疫病、つる枯病、葉かび病など

使用できる主な野菜

オクラ、キャベツ、キュウリ、ジャガイモ、タマネギ、トマト、
ナス、ハクサイ、ミニトマト、レタスなど

サンケイオーソサイド水和剤80　　● 殺菌剤　　● 有効成分：キャプタン

Data

剤型 ——— 水和剤
作用 ——— 予防
取り扱い —— 住友化学園芸、サンケイ化学など

使い方　水で希釈し、噴霧器やスプレーに入れて発生前〜発生初期に散布します。

注意　石灰硫黄合剤、ボルドー液等のアルカリ性薬剤及びマシン油剤との混用は避けます。イチゴの高温時の散布は薬害を生じるおそれがあるため、涼しい朝夕に散布します。

カビ（糸状菌）によって起こる広範囲の病気に優れた効果を発揮する保護殺菌剤です。植物への薬害が少ないのも特長です。タネの消毒ができ、苗立枯病などの土壌病害にも効果があります。

効果のある主な病害

灰色かび病、白色疫病、苗立枯病、炭疽病、べと病、
つる枯病、葉かび病、褐斑病、芽枯病、黒斑病など

使用できる主な野菜

イチゴ、キュウリ、トマト、カボチャ、ゴボウ、スイカ、
タマネギ、ハクサイ、メロン、ショウガなど

GFワイドヒッター顆粒水和剤　●殺菌剤　●有効成分：ベンチアバリカルブイソプロピル・TPN

Data

剤型 —— 水和剤
作用 —— 予防、治療
取り扱い —— 住友化学園芸

使い方　水で希釈し、噴霧器やスプレーに入れて被害部位を中心に散布します。

注意　目に対して強い刺激性があるので、散布液調製時には保護メガネを着用して目に入らないように注意します。夏期高温時の使用を避け、散布器具及び容器の洗浄水は、河川等に流さないでください。

べと病や疫病に予防・治療効果があるベンチアバリカルブイソプロピルと、幅広い病気に予防効果があるTPNを配合した殺菌剤です。植物の中に成分が染み込む「浸達性」があるので、降雨などで有効成分が流されにくく、効果が長持ちします。

効果のある主な病害

べと病、疫病、うどんこ病、白さび病、黒斑病、白斑病、灰色かび病、褐斑病、葉かび病、炭疽病、紫斑病など

使用できる主な野菜

キュウリ、スイカ、トマト、ナス、ミニトマト、メロンなどの果菜類、タマネギ、キャベツ、ブロッコリーなどの葉菜類、ジャガイモ

ランマンフロアブル　●殺菌剤　●有効成分：シアゾファミド

Data

剤型 —— 水和剤
作用 —— 予防
取り扱い —— 石原バイオサイエンス

使い方　水で希釈し、噴霧器やスプレーに入れて被害部位を中心に散布します。

注意　使用直前に容器をよく振り、使用量に合わせ薬液を調製し、使いきってください。散布器具及び容器の洗浄水は、河川等に流さないでください。

べと病や疫病などの卵菌類病害に予防効果があり、残効性と耐雨性により安定した予防効果が期待できます。残効が長く、胞子発芽から胞子形成に至る各生育ステージを阻害し、安定した防除効果があります。

効果のある主な病害

べと病、疫病、根こぶ病、褐色腐敗病、白さび病など

使用できる主な野菜

キュウリ、トマト、ナス、ミニトマトなどの果菜類、キャベツ、コマツナ、タマネギ、ハクサイ、バジル、ブロッコリーなどの葉菜類、カブ、ダイコン、ジャガイモなど

GFベンレート水和剤　●殺菌剤　●有効成分：ベノミル

Data

剤型 —— 水和剤
作用 —— 予防、治療
取り扱い —— 住友化学園芸

使い方　水で希釈し、噴霧器やスプレーに入れて被害部位を中心に散布します。

注意　目に対して弱い刺激性があるので、目に入らないように注意します。皮膚に弱い刺激性があるため付着に注意し、散布器具及び容器の洗浄水は、河川等に流さないでください。

うどんこ病、半身萎凋病、フザリウム菌による土壌病害などに効果があります。浸透移行作用により病原菌の侵入を防ぐ予防効果と、侵入した病原菌を退治する治療効果を兼ね備え、病原菌の細胞分裂を阻害して防除します。

効果のある主な病害

うどんこ病、半身萎凋病、炭疽病、灰色かび病、立枯病、そうか病、株腐病、菌核病、萎凋病など

使用できる主な野菜

イチゴ、オクラ、キュウリ、トマト、ナス、ピーマン、ミニトマトなどの果菜類、キャベツ、ブロッコリーなどの葉菜類、ジャガイモ、サツマイモ、ラッカセイなど

その他の主な薬剤

薬剤名	効果のある主な病気と害虫	使用できる主な野菜	特徴
兼商モレスタン水和剤 殺虫殺菌剤　化学系 剤型 ─── 水和剤 有効成分 ─ キノキサリン系 取り扱い ─ 住友化学園芸など	うどんこ病、コナジラミ類、チャノホコリダニ、トマトサビダニ、ハダニ類など	イチゴ、オクラ、キュウリ、トマト、カボチャ、ピーマン、ナス、シソ、ニガウリ、メロンなど	うどんこ病の予防と治療効果がある殺虫殺菌剤。病気以外でもハダニ、ホコリダニ、コナジラミなどの害虫に効果がある。トマト、ナス、キュウリ、ピーマン、ニガウリには収穫前日まで使える。注意／ボルドー液等アルカリ性薬剤との混用は避ける。高温時は所定範囲内の低濃度で使用。
ベニカグリーンVスプレー 殺虫殺菌剤　化学系 剤型 ─── スプレー剤 有効成分 ─ フェンプロパトリン、ミクロブタニル 取り扱い ─ 住友化学園芸	アオムシ、アブラムシ類、コナジラミ類、ハダニ類、ハスモンヨトウ、うどんこ病、黒星病、白さび病、葉かび病	イチゴ、キュウリ、トマト、ミニトマト、ナス	幅広い植物の病気や害虫を防除。トマト、ミニトマト、キュウリ、ナス、イチゴでは、散布の翌日に収穫できる。速効性の殺虫成分で害虫を退治し、浸透移行する殺菌成分で病気の予防と治療に効く。アブラムシ、コナジラミ、ハダニなどの吸汁性害虫からヨトウムシなどの食害性害虫まで退治。
バスアミド微粒剤 殺虫殺菌剤　化学系 剤型 ─── 粉粒剤 　　　　劇物（取り扱い注意） 有効成分 ─ ダゾメット 取り扱い ─ アグロ カネショウなど	疫病、白絹病、ネコブセンチュウ、ネグサレセンチュウ、そうか病、萎凋病、根こぶ病、苗立枯病、べと病、半身萎凋病、青枯病、根腐病、炭疽病	イチゴ、カブ、カボチャ、キャベツ、キュウリ、コマツナ、サツマイモ、サヤエンドウ、シソ、ジャガイモ、シュンギク、セルリー、ダイコン、タマネギ、トウガラシ類、トマト、ナス、ニガウリ、ニンジン、ネギ、ピーマン、ハクサイ、パセリ、ブロッコリー、ホウレンソウ、ミニトマト、レタスなど	広範囲の土壌病害、センチュウに優れた効果を発揮し、連作障害の原因を取り除く。雑草に対しても高い殺種子効果がある。混和後にゆっくりガス化するので、急激に刺激性のガスにさらされることなく作業できる。注意／医薬用外劇物。ラベルをよく読み、取り扱いには十分注意する。
トアロー水和剤CT 殺虫剤　自然派 剤型 ─── 水和剤 有効成分 ─ BT 取り扱い ─ OATアグリオなど	アワノメイガ、ヨトウムシ、ハスモンヨトウ、アオムシ、コナガ、ハマキムシ類、ベニフキノメイガなど	野菜類、トウモロコシ、パセリ、ハーブ類など	チョウやガの幼虫を選択的に防除し、抵抗性のついたコナガにも効果がある。土壌の有用微生物が作る天然の殺虫成分で、散布後すぐに食害が止まる。紫外線の影響を受けにくく、防除効果が安定。注意／アルカリ性の強い薬剤や葉面施用の肥料などとの混用は避ける。
スラゴ 殺虫剤　自然派 剤型 ─── 粒剤 有効成分 ─ 燐酸第二鉄水和物 取り扱い ─ 日本農薬など	ナメクジ類、カタツムリ類、アフリカマイマイ、ヒメリンゴマイマイ	すべての農作物に使える	有効成分である燐酸第二鉄は天然に広く存在する無機化合物で、犬、猫、家畜などがそばに来る場所でも使用できる。ナメクジ・カタツムリ類に対して特異的に食毒効果を発揮。濡れても形状に変化はなく、高い耐雨性がある。
カスケード乳剤 殺虫剤　化学系 剤型 ─── 乳剤 有効成分 ─ フルフェノクスロン 取り扱い ─ BASFアグロなど	アワノメイガ、オオタバコガ、ナカジロシタバ、ハスモンヨトウ、コナガ、ハイマダラノメイガ、アオムシ、ヨトウムシ、ナミハダニ、ネギアザミウマ、アザミウマ類、ネギハモグリバエ、ハダニ類、カメムシ類、マメハモグリバエなど	イチゴ、エダマメ、カボチャ、サツマイモ、セルリー、キャベツ、キュウリ、コマツナ、ダイコン、チンゲンサイ、未成熟トウモロコシ、トマト、ナス、ニガウリ、ニンジン、ネギ、ミニトマト、ハクサイ、バジル、ピーマン、ブロッコリー、レタスなど	幼虫の脱皮阻害作用と雌成虫処理による産下卵ふ化抑制による殺虫作用。遅効性だが、残効性があり、チョウ目、カメムシ目、ハエ目、アザミウマ目、ダニ目など、幅広い害虫に効果がある。注意／幼虫期に使用し、使用量に合わせ薬液を調製し、使いきる。葉裏にも散布。
ジェイエース水溶剤 殺虫剤　化学系 剤型 ─── 水溶剤 有効成分 ─ アセフェート 取り扱い ─ JA全農	アブラムシ類、アオムシ、コナガ、ヨトウムシ、ハスモンヨトウ、オオタバコガ、ネギコガ、オオニジュウヤホシテントウ、ネギアザミウマなど	オクラ、キャベツ、ゴボウ、ジャガイモ、タマネギ、チンゲンサイ、ハクサイ、ホウレンソウ、レタスなど	JAグループが生産資材コスト低減のために開発したジェネリックの園芸用殺虫剤。アセフェートを含む有機リン剤で、多種類の害虫に速効的に効果を発揮する。
ダントツ粒剤 殺虫剤　化学系 剤型 ─── 粒剤 有効成分 ─ クロチアニジン 取り扱い ─ 住友化学	アブラムシ類、コガネムシ類、コナジラミ類、アザミウマ類、ハモグリバエ類、ハイマダラノメイガ、アオムシ、コナガ、ネキリムシ類など	イチゴ、エダマメ、カブ、カボチャ、キャベツ、キュウリ、サツマイモ、ジャガイモ、セルリー、ダイコン、チンゲンサイ、トマト、ナス、ニガウリ、ネギ、ハクサイ、ピーマン、ブロッコリー、ホウレンソウ、ミニトマト、レタスなど	アブラムシ類、コナジラミ類、アザミウマ類等の吸汁性害虫やマメハモグリバエ、ネキリムシなどに防除効果がある。浸透移行性に優れ、定植時の植え穴に処理したり、生育期の株元に処理する。効果は長期間持続する。

薬剤名	効果のある主な病気と害虫	使用できる主な野菜	特徴
バロックフロアブル 殺虫剤　化学系 剤型 ── 水和剤 有効成分 ─ エトキサゾール 取り扱い ─ 住友化学園芸	ハダニ類、モモサビダニ、ミカンハダニ、ミカンサビダニ、リンゴハダニ、ナミハダニ、カンザワハダニ	アズキ、イチゴ、キュウリ、スイカ、トウガン、ナス、メロン、スイカ、サツマイモなど	卵や幼若虫にも効く。発生初期に散布する。残効性に優れ、ハダニの繁殖を長期間抑制する。薬害は少なく、登録のある野菜では、散布翌日に収穫できる。注意／使用前に容器をよく振ってから使用し、ボルドー液との混用は避ける。
石原ネマトリンエース粒剤 殺菌剤　化学系 剤型 ── 粒剤 有効成分 ─ ホスチアゼート 取り扱い ─ 石原バイオサイエンスなど	アブラムシ類、ネコブセンチュウ、ネグサレセンチュウ、ハダニ類、ミナミキイロアザミウマ、オンシツコナジラミなど	イチゴ、オクラ、キュウリ、ゴボウ、ニガウリ、サツマイモ、ジャガイモ、ダイコン、トマト、ナス、ニンジン、ブロッコリーなど	ネコブセンチュウ、ネグサレセンチュウに効果がある殺虫剤。浸透移行作用により、アブラムシ、ハダニ、ミナミキイロアザミウマなどの地上部吸汁性害虫にも効果がある。揮発性がなくガス抜き作業が不要。注意／土中への混和が不十分だと薬害が出るので気をつける。
プレオフロアブル 殺虫剤　化学系 剤型 ── 水和剤 有効成分 ─ ピリダリル 取り扱い ─ 住友化学	コナガ、アオムシ、ヨトウムシ、ハスモンヨトウ、オオタバコガ、ハイマダラノメイガ、ウワバ類、シロイチモジヨトウ、ネギアザミウマ、ハモグリバエ類、アザミウマ類、ナカジロシタバなど	イチゴ、オクラ、カブ、キュウリ、キャベツ、ゴボウ、コマツナ、サツマイモ、サヤインゲン、ジャガイモ、ダイコン、タマネギ、トウガラシ類、未成熟トウモロコシ、トマト、ナス、ニンジン、ネギ、ハクサイ、ピーマン、ブロッコリー、ミニトマト、メロン、レタスなど	チョウやガの幼虫やアザミウマ類に効果があり、耐雨性と残効性に優れる。天敵や有用昆虫に対する影響が少ない。注意／蚕に影響があるため周辺のクワにはかけない。皮膚に刺激があるため付着に注意。河川に流入させない。直射日光を避け、低温・乾燥で密栓して保管。
プレバソンフロアブル5 殺虫剤　化学系 剤型 ── 水和剤 有効成分 ─ クロラントラニリプロール 取り扱い ─ 日産化学など	アオムシ、アワノメイガ、ウリノメイガ、ウワバ類、オオタバコガ、カブラハバチ、コナガ、コナジラミ類、ナカジロシタバ、ネギコガ、ネキリムシ類、ハイマダラノメイガ、ハスモンヨトウ、ハモグリバエ類、ヨトウムシなど	イチゴ、エダマメ、オクラ、カブ、キャベツ、キュウリ、サツマイモ、サヤインゲン、サヤエンドウ、ズッキーニ、ソラマメ、ダイコン、トウガラシ類、トウモロコシ、トマト、ナス、ニガウリ、ネギ、ハクサイ、パセリ、ピーマン、ブロッコリー、ホウレンソウ、ミニトマト、メロン、ラディッシュ、レタスなど	ハスモンヨトウなどのチョウ目害虫、ハモグリバエ類などの防除効果がある。葉菜類、果菜類など50を超える作物に登録がある。大きくなった幼虫にも効き、散布液が乾いた後なら降雨があってもほとんど効果が低下しない。
ベニカS乳剤 殺虫剤　化学系 剤型 ── 乳剤 有効成分 ─ ペルメトリン 取り扱い ─ 住友化学園芸	アオムシ、アワノメイガ、オオタバコガ、ケムシ、ネギコガ、ハイマダラノメイガ、マメシンクイガ、ヨトウムシなど	キャベツ、ダイコン、タマネギ、トウモロコシ、ネギ、ハクサイ、ピーマン、ブロッコリー、レタスなど	チョウやガの幼虫に優れた効果がある。野菜の生産農家も使用する有効成分で、速効性と持続性がある。水で規定の倍率に希釈して噴霧器などで発生初期に散布する。注意／容器を数回振ってから希釈して使用する。
ベニカベジフル乳剤 殺虫剤　化学系 剤型 ── 乳剤 有効成分 ─ ペルメトリン 取り扱い ─ 住友化学園芸	オンシツコナジラミ、アブラムシ類、ウリハムシ、フキノメイガ、テントウムシダマシ類、カメムシ類、ハスモンヨトウ、アワノメイガ、コナガ、ヨトウムシ、ハイマダラノメイガ、アオムシ、ネギコガ、アザミウマ類、コナジラミ類など	イチゴ、オクラ、カボチャ、キャベツ、ゴボウ、サツマイモ、サヤエンドウ、シソ、ジャガイモ、シュンギク、スイカ、ズッキーニ、ダイコン、タマネギ、トウモロコシ、トマト、ナス、ネギ、ハクサイ、ピーマン、ブロッコリー、ホウレンソウ、ミニトマト、メロン、レタスなど	野菜、果樹、草花、庭木などの害虫を退治。速効性と持続性（ヨトウムシ・若齢幼虫で1〜2週間、散布葉）がある。注意／蚕に影響があるため周辺のクワにはかけない。容器を数回振ってから希釈して使用する。ミツバチの巣箱や周辺では使用しない。
マイトコーネフロアブル 殺虫剤　化学系 剤型 ── 水和剤 有効成分 ─ ビフェナゼート 取り扱い ─ 日産化学	ナミハダニ、カンザワハダニ、ミカンハダニ、リンゴハダニなどのハダニ類、トマトサビダニ	イチゴ、キュウリ、サツマイモ、スイカ、シソ、トマト、ナス、ピーマン、ミニトマト、メロンなど	適用作物が広く、汎用性の高い殺ダニ剤。抵抗性のついたハダニ類にも効果があり、蚕・ミツバチなどの有用昆虫や、カブリダニ・ハネカクシなどの天敵にほとんど影響がない。発生初期にむらなく散布する。注意／ボルドー液との混用および14日以内の近接散布は避ける。
モスピラン粒剤 殺虫剤　化学系 剤型 ── 粒剤 有効成分 ─ アセタミプリド 取り扱い ─ 日本農薬、日本曹達など	コナガ、アオムシ、アブラムシ、ハイマダラノメイガ、ハスモンヨトウ、キスジノミハムシ、コナジラミ類、ミナミキイロアザミウマ、コガネムシ類幼虫、トマトハモグリバエ、オオタバコガ、ヨトウムシ、ナモグリバエ、ネギアザミウマなど	イチゴ、エダマメ、カボチャ、キャベツ、キュウリ、ジャガイモ、スイカ、セルリー、ダイコン、チンゲンサイ、トマト、ナス、ネギ、ハクサイ、ピーマン、ブロッコリー、ミニトマト、レタスなど	従来の薬剤に抵抗性の発達した害虫にも有効。定植時の土壌処理により、コナガ、アオムシ、アブラムシ、アザミウマの発生を長期間抑える。ミツバチ、マルハナバチに影響が少ない。注意／蚕に影響があり、クワ葉にかからないようにする。

薬剤名	効果のある主な病気と害虫	使用できる主な野菜	特徴
ベストガード粒剤 殺虫剤　化学系 剤型 — 粒剤 有効成分 — ニテンピラム 取り扱い — 住友化学	アザミウマ類、アブラムシ類、マメハモグリバエ、コナジラミ類、ナモグリバエ、カメムシ類、ツマグロヨコバイ、ウンカ類など	イチゴ、キュウリ、シュンギク、スイカ、ズッキーニ、トウガラシ類、トマト、ナス、ネギ、ピーマン、ミニトマト、メロン、レタスなど	臭いが少なく使いやすい浸透移行性の殺虫粒剤。効果が持続し、発生期間の長いアブラムシ、コナジラミなどの防除にも適する。トマト、ナス、キュウリなどの野菜や、草花、観葉植物など幅広い植物に適する。
アミスター20フロアブル 殺菌剤　化学系 剤型 — 水和剤 有効成分 — アゾキシストロビン 取り扱い — シンジェンタ ジャパン	うどんこ病、疫病、菌核病、褐斑病、さび病、白さび病、炭疽病、灰色かび病、斑点病、べと病など	イチゴ、オクラ、キュウリ、カブ、コマツナ、サツマイモ、シソ、ジャガイモ、シュンギク、ズッキーニ、セルリー、ダイコン、タマネギ、チンゲンサイ、トマト、ナス、ニガウリ、ネギ、ハクサイ、バジル、ピーマン、ブロッコリー、ミツバ、メロン、レタスなど	シメジ(マツカサキノコ)の一種である食用きのこから発見された天然生理活性物質(ストロビルリン類)に由来する殺菌剤。雨に強く、浸透移行性による予防効果がある。収穫前使用日数が短く、散布適期は幅広く、使い勝手がよい。注意／容器をよく振ってから希釈して使用。
家庭園芸用トップジンMゾル 殺菌剤　化学系 剤型 — 水和剤 有効成分 — チオファネートメチル 取り扱い — 住友化学園芸	褐斑病、黒星病、黒斑病、炭疽病、葉枯病、菌核病、せん孔病、そうか病、灰星病、黒とう病、葉かび病、灰色かび病など	トマト、キュウリ、ナス、タマネギなど	カビ(糸状菌)が原因で起こる野菜と花の広範囲の病気に効果がある。病原菌の侵入を防ぐ予防効果と、侵入した病原菌を退治する治療効果を兼ね備えている浸透性の殺菌剤。薬害も少ない。
ゲッター水和剤 殺菌剤　化学系 剤型 — 水和剤 有効成分 — ジエトフェンカルブ、チオファネートメチル 取り扱い — 住友化学、日本曹達、協友アグリなど	灰色かび病、そうか病、黒星病、落葉病、炭疽病、紫斑病、菌核病、莢汚損症、灰色腐敗病、葉かび病、黒枯病、褐斑病、斑点病、輪斑病など	イチゴ、エダマメ、キュウリ、サヤエンドウ、ズッキーニ、キャベツ、タマネギ、トマト、ミニトマト、ナス、スイカ、レタスなど	果樹、野菜、花き類・観葉植物、樹木類など幅広く使用できる殺菌剤。有効成分は植物の中に浸透移行し、病気の予防と治療効果がある。また、病斑の伸展を阻止する効果も期待できる。
スターナ水和剤 殺菌剤　化学系 剤型 — 水和剤 成分 — オキソリニック酸 取り扱い — 住友化学、ホクサンなど	かいよう病、軟腐病、黒斑細菌病、腐敗病、せん孔細菌病、苗立枯細菌病、枝枯細菌病など	キャベツ、ジャガイモ、セルリー、ダイコン、タマネギ、チンゲンサイ、ニンジン、ネギ、ハクサイ、パセリ、ブロッコリー、レタスなど	細菌病の専門殺菌剤で、従来の薬剤とは異なる作用で細菌病を防除。ジャガイモなど野菜の軟腐病に効果がある。病原菌の増殖を抑える効果が主体の殺菌剤なので、予防的に使用することで効果が得られる。
トリフミン水和剤 殺菌剤　化学系 剤型 — 水和剤 有効成分 — トリフルミゾール 取り扱い — 日本曹達など	黒星病、うどんこ病、赤星病、斑点落葉病、黒点病、灰星病、さび病、そうか病、立枯病、つる枯病、炭疽病、葉かび病、萎凋病、黒斑病、もち病、白さび病など	イチゴ、カボチャ、キュウリ、サヤエンドウ、シソ、タマネギ、トウガラシ類、トウモロコシ、トマト、ミニトマト、ナス、ニガウリ、ニンジン、ネギ、パセリ、ピーマン、メロンなど	予防効果と治療効果に優れ、病斑の拡大、胞子の形成を阻止。浸透性に優れ、植物の中に侵入した病原菌に作用し、治療。ほかの薬剤に耐性をもった病原菌にも使える。低濃度で効果が持続し、作物の汚れも少ない。
パンチョTF顆粒水和剤 殺菌剤　化学系 剤型 — 水和剤 有効成分 — シフルフェナミド、トリフルミゾール 取り扱い — 日本曹達、住友化学園芸など	うどんこ病、灰星病	イチゴ、カボチャ、キュウリ、スイカ、ズッキーニ、トマト、ナス、ピーマン、ミニトマト、メロンなど	うどんこ病に優れた効果を示し、予防効果と治療効果がある。残効性に優れるため、防除回数の減少につながる。雨にも強く、効き目が長く続く。既存剤に低感受性や耐性を示すうどんこ病菌にも優れた効果を発揮する。注意／目に入らないように気をつける。
STサプロール乳剤 殺菌剤　化学系 剤型 — 乳剤 有効成分 — トリホリン 取り扱い — 住友化学園芸	うどんこ病、さび病、白さび病、黒星病など	イチゴ、キュウリ、サヤエンドウ、ナス、ネギ、メロンなど	病気の予防効果と葉の中に侵入した病原菌まで退治する治療効果を兼ね備えた殺菌剤。特に防除の難しい、バラの黒星病に優れた効果を発揮し、各種植物のうどんこ病やさび病にも効果がある。注意／石灰硫黄合剤、ボルドー液等アルカリ性薬剤及び微量要素肥料との混用は避ける。

Column 4

有機（オーガニック）栽培（有機JAS規格）で使える自然派薬剤

1. 有機栽培（有機JAS規格）で使用可能な自然派薬剤

	商品名	薬剤の分類	有効成分
家庭園芸用農薬	ロハピ	殺虫殺菌剤	カプリン酸グリセリル（ヤシ油由来）
	家庭園芸用カリグリーン	殺菌剤・肥料	炭酸水素カリウム（重曹と同類の成分）
	パイベニカVスプレー	殺虫剤	ピレトリン（除虫菊）
	ベニカマイルドスプレー	殺虫殺菌剤	還元澱粉糖化物（還元水あめ）
	アーリーセーフ	殺虫殺菌剤	脂肪酸グリセリド（ヤシ油由来）
	STゼンターリ顆粒水和剤	殺虫剤	BT（天然微生物〈B.t.菌〉が作るチョウ目害虫防除成分）
	サンボルドー	殺菌剤	塩基性塩化銅　（銅）
	家庭園芸用レンテミン液剤	殺菌剤	シイタケ菌糸体抽出物（シイタケエキス）
	ピュアベニカ	殺虫殺菌剤	食酢
	やさお酢	殺虫殺菌剤	食酢
	重曹スプレー容器付	殺菌剤	重曹（炭酸水素ナトリウム）
生産者用農薬	サフオイル乳剤	殺虫殺菌剤	調合油（サフラワー油、綿実油）
	エコピタ液剤	殺虫殺菌剤	還元澱粉糖化物（還元水あめ）
	ゼンターリ顆粒水和剤	殺虫剤	BT（天然微生物〈B.t.菌〉が作るチョウ目害虫防除成分）
	スラゴ	殺虫剤	燐酸第二鉄水和物
	カリグリーン	殺菌剤	炭酸水素カリウム（重曹と同類の成分）
	Zボルドー	殺菌剤	塩基性硫酸銅（銅）
	スピノエース顆粒水和剤	殺虫剤	スピノサド（有用土壌放線菌が作る害虫防除成分）

2. 有機栽培（有機JAS規格）では使用できないが、人と環境にやさしい自然派薬剤

＊有効成分からして分解されやすく、より環境や体にやさしいため、本書では自然派薬剤として取り扱っています。

	商品名	薬剤の分類	有効成分
家庭園芸用農薬	ベニカナチュラルスプレー	殺虫殺菌剤	還元澱粉糖化物（還元水あめ）、調合油（サフラワー油、綿実油）、BT（天然微生物〈B.t.菌〉が作るチョウ目害虫防除成分）
	カダンセーフ	殺虫殺菌剤	ソルビタン脂肪酸エステル

有機JAS規格で有機（オーガニック）栽培に使用可能な農薬は、農林水産省が国際連合食糧農業機関（FAO）及び世界保健機関（WHO）のガイドラインに準拠し決められています。環境に有害な影響を及ぼさず、かつ人または動物の健康及び生活の質への悪影響が最も低いことを満たす、人と環境にやさしい農薬です。

自然派薬剤は種類もさまざまですが、化学合成農薬と比べて成分は分解されやすいといえます。使用回数の制限がなく、野菜類に収穫前日まで使えるものも多く、より環境や体にやさしい成分です。それぞれの薬剤によって使い方のコツがありますので、使用の際は必ずラベルをよく読んで、使用方法どおり使いましょう。

※表の「野菜類」適用がある○の商品は、すべての野菜類、ハーブ類、及び薬用作物に使用できます。
－の商品は、商品ラベルに記載の野菜のみ使用できます。

種類	「野菜類」適用の有無	主な対象病害虫・使用目的
食品添加物	○	アブラムシ、アオムシ、ハダニ、コナジラミ、うどんこ病、黒星病
食品添加物	○	うどんこ病、灰色かび病、さび病、葉かび病
天然成分	－	アオムシ、ケムシ、コナガ、テントウムシダマシ、アブラムシ、ハダニ、オンシツコナジラミ
食品成分	○	アブラムシ、ハダニ、コナジラミ、うどんこ病
食品成分	○	アブラムシ、ハダニ、コナジラミ、チャノホコリダニ、うどんこ病
天然成分	○	アオムシ、ヨトウムシ、コナガ、ネキリムシ、オオタバコガ、ウリノメイガ、キアゲハ、ベニフキノメイガ、ケムシ、ハマキムシ
天然成分	－	べと病、疫病、斑点細菌病
天然成分	－	モザイク病感染防止、手指、ハサミ等の器具の消毒
食品成分	○ ※1	アブラムシ、コナジラミ、ハダニ、うどんこ病、黒星病、青枯病、ナメクジ・ハスモンヨトウ（食害抑制）、モンシロチョウ・ハモグリバエ（産卵抑制）
食品成分	○ ※1	アブラムシ、コナジラミ、ハダニ、うどんこ病、灰色かび病
食品添加物	○ ※1	うどんこ病、灰色かび病
食品成分	○	コナジラミ、ハダニ、うどんこ病、チャノホコリダニ、トマトサビダニ
食品成分	○	アブラムシ、ハダニ、コナジラミ、うどんこ病
天然成分	○	アオムシ、ヨトウムシ、コナガ、ネキリムシ、オオタバコガ、ウリノメイガ、キアゲハ、ベニフキノメイガ、ケムシ、ハマキムシ
天然成分	○ ※2	ナメクジ、カタツムリ
食品添加物	○	うどんこ病、灰色かび病、さび病、葉かび病
天然成分	○	軟腐病、べと病、疫病、炭疽病、白さび病、赤色斑点病、うどんこ病
天然成分	－	コナガ、キスジノミハムシ、アオムシ、アザミウマ、ハモグリバエ、ウリノメイガ、オオタバコガ、ハイマダラノメイガ、ヨトウムシ、カブラハバチ

※1：特定防除資材であり適用作物の制限がない。　※2：ナメクジ、カタツムリが加害する農作物すべてに使用できる。

種類	「野菜類」適用の有無	主な対象病害虫・使用目的
食品成分、天然成分	○	アブラムシ、ハダニ、コナジラミ、アオムシ、ヨトウムシ、ケムシ、オオタバコガ、うどんこ病、黒星病
食品添加物	○	アブラムシ、ハダニ、コナジラミ、アオムシ、うどんこ病、灰色かび病

野菜（植物）名索引 ＊症例を掲載しているページを表示

〈農薬等のお役立ちサイト〉

■ 農薬登録情報提供システム
https://pesticide.maff.go.jp

■ グリーンジャパン
全国10社の農業生産資材販売会社の情報提供サイト
http://www.greenjapan.co.jp/

■ AGRI PICK
農業・ガーデニング・園芸・家庭菜園に役立つ
情報提供サイト
https://agripick.com

■ 病害虫ナビ
困ったことやお悩みごと解決
https://www.sc-engei.co.jp/resolution/

病害虫名索引 *症例を掲載しているページを表示

薬剤名索引

＊赤字は薬剤紹介のページ、黒字は症例紹介のページを表示。
＊下線がある薬剤は生産者向けとして農協（JA）などで入手できる（家庭園芸用と適用が異なる場合もある）。

[参考文献]
『だれでもわかる 病害虫防除対策』（監修 / 草間祐輔・万来舎）
『最新版 植物の病気と害虫 防ぎ方・なおし方』
（草間祐輔・主婦の友社）
『NHK趣味の園芸 12か月栽培ナビ Do 病気と害虫を防ぐ』
（草間祐輔・NHK出版）
『ビジュアル版 わかる・防ぐ・治す 人にもやさしい病害虫防除』
（監修 / 草間祐輔・講談社）
『野菜の病害虫ハンドブック』（草間祐輔・家の光協会）
『改訂版 もっともくわしい植物の病害虫百科』
（監修 / 根本久、矢口行雄・学研プラス）
『踊る「食の安全」』（松永和紀・家の光協会）

草間祐輔（くさま・ゆうすけ）

長野県松本市生まれ。千葉大学園芸学部卒業後、米国ロサンゼルス郊外のガーデンセンターに勤務後、住友化学園芸株式会社に在職。植物の病害虫防除や肥料について研鑽を積み、講習会などで広く実践的な指導を行っている。千葉大学園芸学部非常勤講師。（公社）日本家庭園芸普及協会認定グリーンアドバイザー園芸ソムリエ。著書に『最新版 植物の病気と害虫 防ぎ方・なおし方』（主婦の友社）、『症状と原因が写真でわかる 庭木・花木・果樹の病害虫ハンドブック』（家の光協会）、『野菜・果樹の病害虫防除』（誠文堂新光社）、『ＮＨＫ趣味の園芸 12か月栽培ナビ Do 病気と害虫を防ぐ』（NHK出版）など多数。初心者にもわかりやすい解説と写真に定評がある。

Staff

デザイン	矢作裕佳（sola design）
編集	澤泉美智子（澤泉ブレインズオフィス）
写真	草間祐輔
写真協力（50音順）	
	愛知県農業総合試験場
	鹿島哲郎（茨城県農業総合センター病害虫防除部）
	片岡正一郎　澤泉美智子　柴尾学　信越放送
	瀧岡健太郎　谷山真一郎　西宮聡　廣井禎　米山伸吾
イラスト	小紙陽子（小紙クラフト）
ＤＴＰ制作	天龍社
校正	ケイズオフィス

決定版 野菜の病気と害虫対策 BOOK

2023年3月20日　第1刷発行
2024年8月25日　第2刷発行

著　者　草間祐輔
発行者　木下春雄
発行所　一般社団法人 家の光協会
〒162-8448　東京都新宿区市谷船河原町11
　　　　　電話 03-3266-9029（販売）
　　　　　　　 03-3266-9028（編集）
　　　　　振替 00150-1-4724
印刷・製本　TOPPANクロレ株式会社